真心成藝 幸福加溫

梁玉燕與樸實藝術

梁玉燕 ——— 著

目錄

自序

藝術淨土的一朵蓮花

玉燕是我阿叔的么女，是我的小堂妹，是親叔叔的女兒，很親很親的。

我是我父親的長子，兩家的孩子加在一起九個人，我是老大，玉燕最小，算起來，大家都已經是老人了，都有各自的家庭、事業、子孫滿堂。

本家是在彰化芬園山間，算是窮鄉僻野，我們這一代的孩子，也就前前後後都到都市發展。樹大開枝散葉，種子四散，美加地區、澳紐、菲律賓、泰國、中國都有了牽繫不斷的血脈。

前年，堂弟妹五位聯合畫展，很開心分享他們能執著於對鄉土的情懷記憶和最貼切的想念。生根在鄉土的原生藝術，是藝術領域裏一直獨立存在的藝術表現形式，它有別於學院派，也不同於國際主流的現代藝術，它像戶外、路邊的小花，

不起眼卻百花齊放，也百看不厭，不受構圖、透視、明暗和色彩學的約制，反而更能讓心靈情感和思緒解放。

藝術不是科學，沒有絕對值。藝術之美，就在現實與想像之間，嚴肅與浪漫之間，有心與無心之間，工作與遊戲之間，沒有對錯，沒有功利，是一則日常之外的心靈對話，彼此吐露的一些不足為外人道的快樂經驗和喜悅。

玉燕對宗教虔敬，是有修持的。藝術上，她是一片淨土，無心的經營，也著實令人驚豔，繪本是個開始，看讀思考，讓人回到塵封的永遠想念的時光。

她是藝術淨土的一朵蓮花。

國際知名畫家　梁奕焚

活出精彩驚歎號！

我從玉燕身上，看到無數個驚歎號！因著她多年的志工經驗和行動力，協助本校邁向學生來源國際化。空中大學海外中心加拿大服務處的誕生，玉燕執行長是重要推手。

認識玉燕的機緣很特別。二〇一七年八月，本校副校長劉仲容告訴我，有位同學在加拿大幫空大招生，已有將近百人報讀。接著，遞給我一疊文圖並茂的招生日誌，擦亮我的眼睛。這是空大創校三十年來，在海外成功招生的第一位志願者，也是玉燕給我的第一個驚歎號！

同年九月，我到加拿大溫哥華主持空大海外首屆開學典禮，地點就在玉燕家濱湖的宅院。當天，駐加拿大臺北經濟文化辦事處官員和多位僑領，也都蒞臨這場空

前的盛會。

活動的所有張羅事宜，都出自玉燕運籌帷幄，她動員當地臺灣鄉親齊聚，讓百餘人順利註冊、領書，一圓讀空大終生學習的人生美夢。

嬌小的玉燕以活潑的親和力和辦事能耐，周旋於人際間，我對她的印象又添了個「小辣椒」的驚歎號！

停留溫哥華短短數日，拜訪多處僑界機構，包括慈濟加拿大分會和素里慈濟人文學校……何國慶執行長介紹慈濟志業面向和加拿大的各類志工站。

玉燕陪我們去人文學校參訪，見識靜思語教學，還有教師、志工和學生都穿制服到校，展現團體齊整之美。

玉燕還侃侃訴說許多校園點滴，原來她就是前校長，曾在這裏奉獻六年，怪不得如數家珍，令人讚歎！

之後，她創辦空大學生社團——楓情讀書會，每年號召加拿大學生回空大校本部巡禮，以及擔任空大加拿大校友會第一屆理事長，促成空大海外中心成立……這亮麗的成績，都是玉燕一步一腳印用心經營以成，在在為空大校史增色加分。

值得一提的是，我在加拿大還看到玉燕陪伴許多人畫圖，當中有一位九十幾歲的吳阿媽，在兒媳陪伴下持續提筆作畫，留住生命的絢爛色彩。

阿媽往生後，玉燕邀她的家人和梁家五手足，在慈濟松山聯絡處藝文中心舉辦孝親聯展。我受邀參加開幕式，當天上百位親友近悅遠來，這樣的溫馨場面令我感動。原來玉燕不只有畫圖天分，還廣結無數好人緣。

前幾天，玉燕和我分享她的百餘幅畫作，即將結集問世。我獻上祝賀，也為她積極辦學、開畫圖班，同時努力創作，甘於奉獻長才「彰」顯教「化」的志工精神感到歎服。同為彰化人，我以她為榮，傑出校友，實至名歸。

國立空中大學前校長　陳松柏

樸實趣味有藝術

最近閱讀梁玉燕待出版的圖文作品集稿件，想起了弘一大師大弟子豐子愷的話，
「人生無論何事，第一必須有趣味，然後能歡喜地從事，這趣味就是藝術的。」
從他所謂「歡喜地從事」的藝術「趣味」，讓一位穿梭於加拿大與臺灣，忙於為
大眾服務而仍醉心於創作的「樸實」藝術工作者，樂此不疲。

從臺灣到加拿大，定居在蘭里日昇湖畔，文和、玉燕伉儷是我之前在蘭里的臺裔
近鄰。她住在臺東的堂兄梁奕焚大師，是我北師藝術科學長。因慈濟、空大海外
中心、楓情讀書會與樸實繪畫講課之緣，多年來，我們經常互動、分享。

她自認為是未正式學過畫的「素人」，因熱愛藝術而以樸實藝術「在摸索中自創
乾坤」。「樸實」可謂質樸與誠實，也可以說是──

・以誠心實在、發自內心，運用圖像、文字，來表達出原生原貌創意的質樸。

・它具有天生自然、原始純真特點。

・它在心態上如童心、好奇之有趣玩藝，且愛炫、分享。

這些童心稚趣在她「童稚時光」系列，如〈饞嘴大老鼠〉、〈靈「雞」一動〉圖文，可引發仍具赤子之心的我們會心共鳴。在「生活有意思」系列，是教孫女學閩南語的幸福阿媽，更是另類的跨文化隔代童心再體驗。

人生是片段的組合，「移民歲月」、「寶島印象」等系列，是表達長期生活的體會與記憶的回顧。

除了生活的童心感受與回顧體會之外，她試著以圖象徵、以文引喻，將生活故事中的啟示，用心表達出來。

例如，以傘為題的〈臨摹〉，以踽越、愉悅幽默笑臉的〈人心〉，以及「意有所指，指有所意」的〈人生五指山〉，皆是畫中有「話」。尤其是〈如織人生〉，很多人看過《最後的編織》人生勵志影片，她轉化為質樸的圖文，來表達曾經滄海後的人生課題，深切的感觸與體悟也引發共鳴。

作為藝術創作與藝術教育工作者，我一向提倡藝術創作是一生的志業，國際藝術大師畢卡索（Pablo Picasso）在晚期愈畫愈質樸，他說：「我花了四年學習像拉斐爾那樣作畫，卻花了一輩子去學習像孩子那樣畫畫。（It took me four years to paint like Raphael, but a lifetime to paint like a child.）」

賞閱圖文集後，彷彿又回到日昇湖畔的日子，再度感受到與文和、玉燕伉儷、梁氏兄弟姊妹及玉燕在溫哥華美術館任職的女兒 Lynn……多項偶然與必然之緣。

在本書出版及近期梁氏手足畫展之前，我願以中西兩位藝術大師的啟導，來祝賀梁玉燕的《真心成藝 幸福加溫》，起於質樸有趣的童心，以自發性的繪圖，琢磨精鍊的文辭，創出了想望的幸福人生——

真心童稚，人生故事皆可成藝。

幸福愉悅，圖像文章分享加溫。

加拿大中華文化藝術總會理事、臺灣兒童藝術文教基金會董事長　簡志雄

是故事 也是歷史

玉燕的文章就如她的人,樸實無華,而她的畫也恰似她的心,純真如月。細細品讀每一篇文章,裏頭收藏了兒時的記憶,也讓上世紀五〇年代前段班出生在臺南鄉下的我,回憶起那些成長的深情故事,這不僅是故事,也是歷史。

生活是由點點滴滴瑣事交織而成,但玉燕卻能從自己的生活,到每天與他人、社會、環境互動的日常大小事中,領悟到更多的生活智慧,其中有浪漫,也有法味。

本書共分六章,分別為「童稚時光」、「天地萬物皆我師」、「愛是親情所繫」、「移民歲月」、「寶島印象」及「生活有意思」。不難看出,她在講述一個時代,一個傳統與現代交相輝映的共同生活的年代,讓先民的智慧走進現代人的生活,也就是擁抱鄉土情懷,傳承寶貴價值。

如果人生就像一段旅程，那麼玉燕穿梭在不同人生風景中，帶我們上山，走進鄉間小路，看見臺灣農村住民的善良與淳樸。每一段記憶，彷若我童年的翻版——攀牆摘芭樂、凌晨拜天公、灶腳等炊粿、煮湯圓、餵雞鴨、雨天用雞罩烘乾衣服等，一幕幕的繪聲繪色，都是一九五〇年代以前出生的人，不會忘記的事情，也讓我們有「稻仔埕」的故事，可以傳頌給後代子孫。

認識玉燕二十多年，印象中她那甜美清澈的嗓音，婉轉動人的歌聲，讓人回味無窮。記得十三年前，她回臺灣時，我邀請她上我製作並主持的中廣臺灣臺《慈濟世界》廣播節目，當時她擔任加拿大素里慈濟人文學校校長，在訪談中，更深入了解她扎實的人文底蘊，始知她在加國允文允武，舉凡主持活動、擔任讀書會導讀人、人文真善美幹事、到老人院陪伴各族裔長者等。慈濟事，要說、要寫、要畫、要做，都難不倒她。

特別是她的求知好學精神，讓人敬佩。在花甲之年，她參加國立彰化師範大學視障有聲圖書錄音人員培訓，學會如何與視障者相處以及數位錄音祕笈；她學習英文讀、說、寫，與外國人交談流利順暢；而且目前還在研究所進修碩士。

她甚至帶著兩位兄長、兩位姊姊，一起報名參加志玄文教基金會臺中終身學習教育中心張鈞翔老師的「樸實藝術」課，透過自由創作、塗鴉方式，將「純真、自然、童趣」融入生活，以「話圖」帶動年齡加總超過三百五十歲的五位兄弟姊妹，講述「回憶畫，話親情」的心路歷程。

回顧玉燕自一九九六年加入慈濟迄今已二十七年，不論在僑居的加拿大、故鄉臺灣，或參與國際賑災到許多國家，她都不忘聞法精進，並將法義結合生活，寫成扣人心弦的精采短文，在字裏行間及「話圖」中，譜出微妙真諦理，相信讀者一定能從閱讀中深刻感受法喜。

蒙她厚愛，囑我寫推薦序。謹將證嚴上人所説：「人世間的價值就在那一念心」的法寶，送給玉燕，也分享給讀者。正是因為這本書，讓我們看到了玉燕微觀生活周遭人事物的用心，從而開啟了新的人生視野。

慈濟大學通識教育中心兼任講師、資深慈濟委員　靜淇

遠方的燕子

有一個人，只要一想起她，就心生歡喜，感覺無比親切、溫暖。她，就是梁玉燕……遠方的燕子。

梁玉燕稱我是她的「良師貴人」，我愧不敢當。她說二十多年來，我們只見過兩次面。是嗎？但是我怎麼覺得我們是很熟很熟的，彷彿是從小一起長大的姊妹。

出身彰化芬園梁家，么女的她，自小備受寵愛。婚後和夫婿白手起家創業，嬌嬌女變成商界女強人。

事業有成，移民加拿大後，有因緣參與慈濟，生命起了蛻變。她放下財務、公司管理，投身寫作、編刊物，擔任素里慈濟人文學校的校長……

二〇一五年，梁玉燕認識了「樸實藝術」張鈞翔老師，她拉著四位兄姊一起加入。

樸實藝術不講究任何美術理論和技巧，完全從自己內心出發。兩、三歲的幼兒，到一百歲的長者，都可以任情揮灑。

年紀漸長，對兒時、親人的回味都訴諸繪畫。梁玉燕曾說，她的畫是「耕一畝親情良田，譜一曲手足之歌」。

她畫了很多有關父母親的小故事，用繪畫取代思念。有時會心一笑，有時淚水奔流，緬懷去世的雙親，無疑的，這是一種很好的療癒。

我虛長她幾歲，但我們都是同一世代的人。雖然分別住在臺灣東西兩側，卻有共同的生活記憶。她畫的「打井水」、「包粽子」、「鋸木柴」、「分送菜尾」……我兒時也有相同的經驗。

所以看她的畫，讀她的文章，都會把我也拉進時光隧道，回到童年那無憂無慮的甜蜜年代。

梁玉燕除了邀自家兄姊畫「話」，也把樸實藝術帶到僑居地，經過幾年的耕耘，還開了幾次畫展或聯展。

她有一個幸福家庭，兩個媳婦也都來自慈濟家庭。梁玉燕常跟五個孫輩講她畫裏

的古早故事，有時也邀孫女一起畫畫，其樂融融，令人稱羨。

在臺灣時，梁玉燕除了積極參與慈濟活動，還到大學研究所修學分，可以說是「活到老，學到老」的好榜樣。

記得她曾寄給我很有趣的畫，那是芬蘭畫家 Inge Look 的 Old Ladies 系列畫作，畫裏總是兩位銀髮老婦人，她們像淘氣的孩子，做的都是年輕人愛做的匪夷所思的事。比如在巷子裏踢球、爬到樹上去、共騎摩托車……然後相對大笑。

這就是很有名的「當我們老了以後，還要一起大笑」。

我真希望更老的時候，可以跟梁玉燕一起玩她畫裏的遊戲，比如扮家家酒、踢毽子、跳房子、丟沙包……

梁玉燕要把她的畫作和短文結集出版了，真的是很欣喜，也很期待。祝福！遠方的燕子。

慈濟筆耕隊創始人　陳美羿

返樸歸真

每個人天生都有塗鴉的興趣與本能，只是這分對於繪畫的愛好，被僵化的審美標準綁架了。而「樸實藝術」並沒有高難度的技巧和理論，不懂美術的人也可以用返樸歸真筆觸表現。

八年前，梁玉燕遠從加拿大回臺探親，專程陪伴散居在臺中的大姊、二姊、大哥、二哥前來上樸實藝術課。課堂中，她藉畫圖回憶家鄉、童年、童玩、童趣、家務事，兄姊們也都以樸拙的筆觸，彩繪前塵故事，傳達親情和懷念故土的心境……同學們都很羨慕他們手足情深，當時獲社教「幸福家庭」表揚，可喜可賀。

這八年來，玉燕是名副其實的「空中飛人」，她運用圖畫說故事給老人院長者聽，還到慈濟加拿大據點以及五所慈濟人文學校，推廣樸實藝術和彩繪竹筒。之後，

也去慈濟美國西雅圖支會和拉斯維加斯聯絡處，宣說樸實藝術的真善美。

回臺灣時，她在空大臺中中心「推廣教育」一連開設三期畫圖班。回加拿大時，持續到慈濟本拿比聯絡點開闢「真心成藝」課，引導社區居民用彩筆畫人生。四期課程下來，學員透過作品交流、分享，相知相惜，感情彌堅，儼然家人。

二○二○年初，梁氏五手足聯展在慈濟松山藝文中心舉行。玉燕和兄姊的作品，筆觸真誠，用色多彩，吸引從北中南過來的親友，賞畫之餘，敘舊談心。而後，又在彰化臺電大樓，以及她的母校──同安國小百年慶典展出……每一場畫展，都表露梁家手足的生命軌跡，深具獨特性和時代性。

藝術無疆界，只要投入真心和時間，就能盡情揮灑生命的彩筆！如今，玉燕的圖文作品即將出版，我樂觀其成。恭喜她突破傳統專業美術框架，畫風就如一隻快樂的燕子，努力振翅，行雲流水，悠遊自在。

志玄文教基金會樸實藝術指導老師 張鈞翔

「心」的大匯合

A seed flying across the Pacific Ocean（種子飛越太平洋）

Sprouted and growing in Vancouver Canada （生根茁壯於加溫）

Home-visits, study-groups and exhibitions……（家訪共修書畫展）

"From Heart to Art" all ways lead to success（真心成藝竟有成）

二〇一二年，我與先生正岳從美國俄亥俄州縱橫五千哩搬到西北端的華盛頓州，離加拿大邊境半小時車程，以便陪伴九十高齡的婆婆。二〇一六年三月，玉燕伉儷到婆婆住家探訪，聽她分享「樸實藝術」的體驗與樂趣。繪畫可説是一種捕捉、記錄及表現不同創意或思想的形式。

那年母親節，加拿大舉辦慈濟五十周年慶，展出「話愛 畫愛 化大愛」書畫展。

當時玉燕邀集一百五十件志工的「樸實藝術」作品，我們也參加籌備與展出。婆婆雖沒經過美術的訓練，她畫的故鄉情懷、花卉、動物等，都栩栩如生；正岳說，他從高中畢業後就沒拿過畫筆，沒想到第一張畫很快就完成，還自詡為「驚心『捷』作」。我也以書畫同源為由，作品從書法著手。

展覽主題緣起與所有作品圖說均用中英文呈現。那麼，「樸實藝術」英文怎麼說？經過一番探討，感悟到畫者的赤子心、誠摯心、天真心、自信心、愛心、全心全力、一心護持……而「多用心（Be mindful）！」更是證嚴上人每天的叮嚀。是啊！「樸實藝術」是「心」的大匯合，是心靈的交流道，是能讓人打開心門，藉畫或藉字來分享內斂情懷的管道！「樸實藝術」是「用心的藝術」！

和正岳討論的結果，決定建議用「Art from the Heart」為「樸實藝術」的英譯。「heart（心）」字裏含有「art」，乃「心中有藝」，這是很美的結構巧合；而且「heart」和「art」有諧音（押韻），又是一個微妙的音韻巧合！

在慈濟加拿大各據點、臺加文化中心、老人院、松齡會、本拿比園遊會、臺灣文化節、慈濟人文學校、空大線上讀書會及繪畫比賽……都有玉燕的足跡。我們配

合玉燕，將「樸實藝術」的種子撒播得更廣更遠，不分種族、宗教，以中、英文溝通。圖畫本身也是最好的語言，畫者用心，看者感心，心靈互通，化成大愛！

如今，玉燕集結八年來的作品出書發表。她是「樸實藝術」的推手，是「真心成藝」的主力！她的畫風細膩，思維廣闊，幼時情景難忘，加溫經歷多樣……每幅畫都回甘人生，溫馨感人！

「真心成藝」，英譯成「From Heart to Art」。「幸福加溫（Blessings go beyond the borders）」，「加溫」一語雙關，既代表加拿大溫哥華，也提升了「幸福」的溫度。「樸實藝術」的推廣，已跨國界。

玉燕的樸實藝術繪畫成就，不是天方夜譚，而是她親身點點滴滴，真情流露的彩繪人生！此刻，我聯想到美國家傳戶曉的民俗畫家諾曼・洛克威爾（Norman Rockwell）對一般民眾所嚮往的平安溫馨日常生活的啟示。

美國慈濟志工　鄭麗麗

我的親家母

在生活中，有些人和事交織在一起，成為彼此生命中不可或缺的一部分。我的親家母梁玉燕的繪畫之路和親情故事，即是一段美麗的紀錄。

我和玉燕因一九九九年的九二一大地震，一同參與慈濟文字志工而結緣。後來，從法親變成親家。我們「雙玉（玉燕、玉櫻）」除了都熱愛寫作，五十多歲還一起攜手讀空中大學，年過六十後再一起讀研究所，從親家再成為同窗。

十年前，玉燕從加拿大回臺第二天，剛好我和二女兒要去慈濟臺中分會上樸實藝術課程，我邀請她一起去上課，好學不倦的她克服了時差，和親家公一起聆聽張鈞翔老師的樸實藝術課程。當時的同學中有母女、婆媳、父女、夫妻，大家將畫作展示在講臺上，一一分享圖畫的內容。

樸實藝術是充滿生活化、草根性的繪畫課程，也啟動親家母的繪畫潛能，進而把她的哥哥、姊姊都邀來上課，不僅增進手足的互動，也為逐漸年老的兄姊們找到健康老化的樂趣。為此，她和親家兩人每次上課前都是一一地接送，是臺中分會樸實藝術課程的典範家庭。

玉燕經常逢人就說樸實藝術，邀請大家來上課。我們關懷弱勢家庭的時候，她也會跟個案分享圖畫，鼓勵案家的孩子學習繪畫，更主動提供畫圖工具給弱勢家庭的孩子。

荷蘭畫家梵谷（Vincent van Gogh）曾言：「我畫畫，便是在講述我的生命故事。」親家母的繪畫作品，不僅僅是一張張美麗的圖畫，也敘述著親情、童年的回憶，以及祖孫之間的互動；更能觸動人心，引發共鳴，啟發人反思自己的生活，珍惜親情和友情。

慈濟人文真善美志工　黃玉櫻

自傳中有共同記憶

「感恩您收看今天的《大愛人物誌》，我是阿明。今年是慈濟五十周年的大日子，慈濟愛的種子撒向了全世界許多的國家地區，像今天的特別來賓，就是遠從加拿大回到寶島臺灣的夫妻檔，先來介紹陳文和師兄，掌聲鼓勵，還有他家師姊梁玉燕、玉燕師姊的二哥、親友團林義澤師兄……」

我於二〇一六年在大愛電視的攝影棚專訪梁玉燕賢伉儷，二十四分鐘的節目，聽他們娓娓道來人生故事──

相識一個星期即訂婚，八個月後結為連理，創業有成後，在一九九九年移居加拿大，兩人謹記證嚴上人的叮嚀，在異鄉用文字與影像為慈濟人留下紀錄。兩人合力完成的作品，有數百則影片成為大愛新聞的播出素材，實在令人讚歎！

不僅如此，玉燕師姊還承擔加拿大素里慈濟人文學校校長的志工職務長達六年。

誠如林義澤師兄給她的祝福，學習力是她的最大後盾。學無止盡，終身學習造就了玉燕師姊成為全方位的才女。

我與玉燕師姊同為彰化縣芬園鄉的子弟，這次在她的圖文書《真心成藝 幸福加溫》出版前，阿明很有福能夠「搶先看」，在她的畫作中看到了「人親土親」的共同回憶，如彰化客運的公車顏色與站牌型式，而放著各種居家必備藥品的「寄藥包」，彷彿讓我聞到了孩提時的味道。

她的每一張畫，看似平面靜止，情感卻鮮活了起來，與其說這本圖文書是她的自傳，還不如說它蘊藏了許多臺灣人的共同記憶。

非常感恩玉燕師姊邀約我寫推薦序，真心祝福她與家人和有緣閱讀此書的人都平安健康，福慧雙修，美滿幸福。

大愛電視臺主持人 黃添明

送給自己的生命獻禮

發行這本書,至少醞釀兩年。

二〇一九年底,進入 COVID-19 新冠疫情時代。期間,慈濟活動多屬線上進行,我幾乎天天宅在家裏,深居簡出。

二〇二二年元月,我隔空向睽違多年的陳美羿老師問候,暢談之餘,她邀我加入「筆耕花園」Line 群組。每天展讀來自全球人文真善美志工各類文稿,還有老師激勵的講評,於是我也受到鼓舞,用行動跟進。只要完成一篇作品,第一個分享的對象就是老師。

每次,老師細讀拙文之後,會在文末給予中肯回饋。對我來說,那每一句正面的提點和評語,都如啦啦隊的喝采聲,給我力量,增強我寫作的信心……

隨著年歲漸長，故居與親人的影像，常在午夜夢迴出現。每當憶起，徒嘆在那個不時興照相留念的童年，只能憑腦海儲存的模糊印象，去懷思舊時景物。

就這樣，我一方面勤於筆耕，一方面也醉心畫圖自娛，彩繪故鄉彰化芬園的天真童年、親情之愛、田園風光，以及寶島印象。另外，描繪記錄我二十四年的移民生涯——加國見聞、志工步履、日常感懷、祖孫三代情。同時將圖畫內容訴諸文字，補充畫作背後的心情軌跡。

數算從二〇一五年十月投入樸實藝術課以來的這八年，零零散散畫了一些生命故事，日積月累，有十幾本畫冊，充實我回臺灣探親和溫哥華的僑居歲月。這兩百多張圖畫和文字說明，是我持之以恆的耕耘成果。

我不是畫家，不懂得構圖、調色，和色彩的明暗對比，但是透過張鈞翔老師的啟發，反覆練習，在摸索中自創乾坤，畫出人物、勾勒時序和空間。色筆加上清水摻和顏料，靈感隨之湧出，五顏六色將我腦海所浮現的畫面，躍然紙上。原來，彩筆是橋梁，表達了我想要呈現的意象。好開心！

另外，我從小便喜愛作文，國文老師在作文簿上的評語，使我留下深刻印象，至

今仍然保存完好。更可喜的是從一九九八年開始，投入慈濟文宣組領域學習筆耕。服膺證嚴上人慈勉：「今日的工作，是明日的文章，後天的歷史。」始終抱持捨我其誰的使命感，記錄一篇篇慈濟加拿大藏史，不敢懈怠，不曾中輟。

哥倫比亞著名作家馬克斯在《百年孤獨》中的經典名言：「生命中真正重要的不是你遭遇了什麼，而是你記住了哪些事，又是如何銘記的。」

雖然我不是作家！譜寫慈濟文史之外，我也有寫生活日誌的習慣。這回，積極整理思維結晶，使圖文兼容，盤點生命，留住生命中的吉光片羽，作為傳家寶；也即將在臺中慈院開畫展，作為犒賞自己邁入「初老期」的生日禮物。

承蒙陳松柏校長、簡志雄董事長、靜淇師姊、陳美羿老師、張鈞翔老師、鄭麗麗師姊、大愛電視臺主持人黃添明，和我的大堂兄奕焚、親家母玉櫻，百忙中為我寫推薦序，今順利付梓，深感榮幸，一併感恩！

Part ——— **1** 童稚時光

逃過一劫

一九五九年農曆七月四日，寶島臺灣發生八七水災。彼時，家園難敵一連三日豪雨襲擊，洪水不息如怒浪滔天，土埆厝和烘製龍眼乾的焙灶朝不保夕⋯⋯

水漫土牆，雞飛鴨跑，舉家惶然之際，從烏日紡織廠回家休假的大姊玉英，眼見強風猖狂，雨如傾盆，而大人都忙著搶救家當去了，唯獨五個月大的我安睡搖籃，不知禍之將至⋯⋯芳齡十七的她，擔心我小命臨危，機警地衝進臥室，連忙將我抱起，遠離房舍，逃過浩劫。

芋頭梗的祕密

七十五歲的大姊告訴我，她到現在還偏愛吃芋梗的原因，是背後深藏了一個和我關係重大的祕密。

那年我才兩歲，持續發燒不退，已經好幾天沒有排尿，醫師搖搖頭，要母親梁李貴聽天由命，回家準備處理善後。

無助的母親拖著沈重的腳步，走到鳳梨採收場，正巧遇到一位熱心的村婦，告知用芋梗乾煮水喝，可利尿。抱著一絲希望，母親快速奔回家裏如法炮製，果真收效，我的小命被救了回來！

第一次盪鞦韆

溫暖的家是我的第一個遊樂場，

有時，我被高高舉起，

落坐在大人們的雙肩上，名曰「騎馬」；

有時，我被抓起瘦弱的雙手，

繞著他們的身軀快速旋轉，幾圈之後，

小腦袋感覺暈暈的，但仍想再繼續；

有時，我被抱起坐在他們的雙腿上，兩隻小腳丫努力伸直，

抵住他們用力翹起的腳板，以為要玩溜滑梯。

隨著他們的小腿上下晃動，我的雙腳也跟著忽而高、忽而低，

快樂的心，有了盪鞦韆的感覺！

家，是第一個遊樂場。

眼鏡

父親梁江霖務農，但知天文、識地理，說起話來頭頭是道，深受地方父老鄉親敬重。他喜穿一身白襯衫和西裝褲，儼然文傑仕紳，尤其是伏案書寫、靠椅讀報，鼻梁上的黑框眼鏡，更增添了幾分書卷氣。

我最愛乘父親擱下書報的空檔，抓起他的眼鏡戴在鼻梁上，跑到母親的化妝鏡前，努力端詳一番。有時，則拿著眼鏡到處逛，到處試，瞧瞧鏡裏乾坤，賞賞花──花變大；照照地──地面好像凹了下去，一個窟窿、一個窟窿，有趣極了！

父親對我這調皮的舉措，非但沒有責怪，還憐惜地低聲問：「嬰仔，有沒有覺得頭暈暈的呀？」他那一臉和藹，不是縱容，是對我的慈愛。

爸爸快回來

小時候，我愛唱歌，也很愛哭，特別是和大我五歲的二姊玉鳳吵架，覺得受委屈時。如果父母在，有人可解圍，有依靠，很快就破涕為笑；假若大人都出遠門，我就會坐在門檻大哭，或是唱閩南語歌〈爸爸緊返來〉，「三姊妹叫著爸爸卡緊返來唷，為著生活不得已離開鄉里，落雨天滿面霜風冷吱吱，爸爸您這拵到底是去叨位啦，等何時等何時會返來，心愛爸爸唷！」

唱著，唱著。希望爸媽能聽見我的呼喚，快快回家來！

看煙火 開眼界

第一次看煙火秀，是在員林公園裏。黑壓壓人潮是會移動的風景，
還有從半空中隨時迸出的彩球，一顆顆瞬間升騰、燦放，接下來
就是耳畔傳來的驚呼聲。

為了在人群簇擁中有更寬廣的視野，我被父親的雙手高高舉起，
跨坐在他寬而厚實的肩膀上，欣賞每一簇亮點，那夜空好似白晝，
豔光四射，壯觀無比。

我不記得當時是怎麼回到家的，但永遠記得的是父親的愛和肩膀
上的溫暖！

不嫌鄰家遠

憶黑白電視的年代，嘉慶君劇情真精彩；
暮色時分吃罷晚餐，父邀我去鄰家觀賞。
瓜果樹姿依稀可辨，蟲唧鳥鳴充耳可聞；
雞鴨鵝陸續回寮去，能見度愈來愈低了！
他持電筒照亮路途，我趨步走不怕暗鬼；
無視腳下石礫鋪道，抬頭看明月伴星辰。
難忘那次溫馨夜晚，父女情深互映心光！

故園窗外

那一堵牆，據說是粗糠攪紅土砌成，

牆裏是我可愛的廚房，牆外有我滿載快樂的過往！

那一扇窗，是我放學回家的方便門，

從外推啟，攀爬入內，躍入身心安頓的地方。

那一棵樹，高瘦也高壽，老欉頻傳送撲鼻桂花香，

採幾撮放口袋，心頭常溫暖！

那一窩蜂，簇擁振翅，嗡嗡飛鳴，

吸我眼睛，觀察牠們，增童趣，樂融融！

那一塊石，輕手搬開來，蟻蟲蠢蠢四散，爬來爬去，

又鑽進土堆裏。

高瘦也高壽的桂花樹

灶腳

土磚砌造老廚房，時常飄溢菜根香；井邊汲泉再挑返，注滿屋隅大水缸。

娘親三餐做羹湯，幸福滋味日夜嘗；蒸煮炒炸不間斷，顧飽全家樂安康。

綠蔭棚下結葡萄，令我垂涎頻觀望；調皮攀窗再躍地，無畏險象如登梯。

慈父醉心讀古冊，常坐高椅品書香；黃昏時刻飼家禽，親力親為好榜樣。

註：圖為處女作，使用廣告紙的背面畫圖。

饞嘴大老鼠

飯桌上的菜餚，每一道都是母親的拿手廚藝。唯一的缺點是經常被奇大無比的桌罩給覆蓋著，最充足的理由是防止蒼蠅和螞蟻，還有我這一隻大老鼠。

放學回家，肚子咕嚕咕嚕叫，趕緊找吃的吧。於是，我把媽媽預留的菜飯，提前入肚，那偷吃的滋味，比晚餐還香！

好吃的九層炊

雙親只要去一趟市集販賣農作物，回程必定不忘為家裏添購一些日常用品、食物和我喜愛的各種小吃。尤其是遠近馳名的九層炊，只要一想到它，我就不禁垂涎三尺。

有一天夜晚，我已向周公報到！隱約中聽到有人輕叩玻璃窗，柔聲細喚，「嬰仔，緊起來，爸爸買好吃的九層炊返來啦……」我一躍而起，爸媽伴我享受美味，齒頰留香。

後壁溝印象

孩提時代的「後壁溝」，桂樹、枇杷和高大的木瓜樹，花絮依時
飄香，果實帶來充飢解饞的甘甜，雞飛、鵝叫、同儕的奔跑，竄
進竄出，還有從石磨碾溢而出的年節芬芳。

屋後簷下的柴薪旁，擺放成堆的泛黃書冊，那些兄姊們用過的作
業簿、參考書、漫畫本⋯⋯舊愛變新歡，一本本都是知識甘泉。

鹿角龜

獨角仙是「完全變態」的昆蟲，幼蟲就是俗稱的「雞母蟲」，和成蟲外表差異大。有長胸角與頭角的是公蟲，母蟲沒有角，但背部與腳上的毛較多。

雞母蟲和獨角仙，就像是毛毛蟲和花蝴蝶，蛻變，讓牠們的生命有了亮點！

我們稱獨角仙為「鹿角龜」，六、七月是牠出沒的季節。只要堂兄姊發聲，我就主動比上課日早起，精神抖擻，結伴找到有光蠟樹的地方，輕手輕腳捕捉正陶醉在吸食樹液的小可愛們。

偷嘗酸梅

當梅子產季來臨，叔伯宗親最忙碌的事，莫過於採收、醃鹽和在庭院曝晒三部曲了！偌大的庭院，成千上萬顆酸梅，被放在一塊塊用竹篾編成的「李仔ㄅ一ㄅ丶」上，經過幾天陽光曝晒，由青澀、硬、脆趨於鬆黃、軟、Q，一顆顆閃閃發亮。

放學回家，大人吩咐我看顧酸梅，別讓鴨鵝等家禽上去踩踏或排糞。我拿椅子在一旁邊做功課，邊嗅聞陣陣梅香。涼風習習，帶來陣陣誘人垂涎的梅酸味兒！

乘四下無人，偷嘗一顆，再接一顆，愈吃愈順口，直到感覺味蕾全是鹹味，後悔已經來不及了。整晚口渴、猛灌水、以至於半夜裏……連累媽媽隔天要晒榻榻米。哈，這就是我年幼「偷吃酸梅」自食惡果的糗事！

龍眼豐收

故鄉遍植龍眼樹，每到暑假產季，幾乎家家戶戶總動員，大人和小孩忙得不可開交。記憶中，除了自家種的幾棵龍眼樹，父親還到臺中霧峰六股承包了一大片的龍眼林。

到了採收季節，屋後的工寮被剛採摘、搬運回來、堆積如丘的龍眼，占滿了空間。父親雇用了好多女工和童工，有的負責剪下龍眼粒，有的負責剝龍眼肉，有的用鋁篩分出大、中、小三種規格的龍眼，一袋一袋，待價而沽。

我最喜歡坐在焙灶前面，當父親的小幫手，和二姊隨時等候差遣，心裏也期待父親的獎賞：「你們都很乖，去拿碗筷，等一下水燒開了，就泡碗香噴噴的雞絲麵吧！」

攀壁摘芭樂

農村生活零食奇缺，除了自家栽種的水果，想要品嘗其他美味——桑椹、油柑、刺莓（刺波）、土芒果、土芭樂（番石榴），都需自食其力去覓尋。

有一次，二姊和我徒步經過一處乾涸的溪床，眼尖的我倆看到紅土摻著礫石的禿壁長了幾棵樹，認出那是芭樂欉，而且還有熟黃的果實呢！

無視於山壁陡峭，我們抓緊樹根，一步一步向上爬，待雙手攀到分布稀稀落落的野果，興奮至極，無分青澀或蟲咬，每一顆都是至寶。摘下來的番石榴，裝滿了口袋，再用前襟盛著包捲起來，或者邊走邊啃，也是個好辦法唷！

雞罩烘衣

孩提時代，左鄰右舍都還沒有洗衣機可用，衫褲、尿布和大型棉被，洗濯之後，都要在院子穿竿曝晒或屋簷下自然風乾。日復一日，洗、晒、收、摺、放，形成家家戶戶生活模式的一種循環。

要是碰上梅雨季或冬天來臨，大人們會利用鍋灶上烹煮後的餘溫來烘衣物，要不乾脆將木炭放在小火爐燒紅、生熱，再把爐火移入竹編的大雞罩下方，外圍一一披展待乾的衣物，形形色色，分秒熏烘，逐漸縷縷出煙、釋放暖意。

我最喜歡拿把椅凳，緊靠雞罩坐下，伸出小手取暖，同時烘熱臉頰……直到全身暖呼呼！

靈「雞」一動

放學回家，興沖沖走進房間，忘了媽媽養了一窩剛破殼而出的小雞。我的腳跟不偏不倚地踩到暖暖的、軟綿綿的……啊！闖禍了！壓到小雞，便便漏出來！牠快死了嗎？大人都不在，我該怎麼辦？

靈機一動，信手拿來大澡盆，一面罩住小雞，朝地面使勁撞擊，發出「ㄎㄨㄤ ㄎㄨㄤ ㄎㄨㄤ」的聲音，一面好似道士作法，口中念念有詞，希望牠起死回生。沒多久，小雞從一動也不動、兩腳朝天，漸漸甦醒、翻身……謝天謝地，終於回魂了！

農家女

從小耳濡目染，練就一身攪飼料、撒麥片、粗糠等養雞和餵鴨的功夫。每當我口中發出叫喚聲，雞鴨群便會聞聲而至，簇擁到腳邊，搖頭擺尾地跟前跟後，唯恐搶輸食物無法飽足。

其實，家禽都具有求生的本能，只要白天被放出籠子，牠們便會四處低頭覓食，不停地忙著以喙啄取蟲、草、砂礫或穀物，自食其力，無有歇息。

父母常耳提面命說：「做雞就要揖（音同「慶」，意思是翻土覓食），做人就要翻（閩南語發音為「並」，意思是改變）。」

可不是嗎？雞在覓食時，總會很有耐心地反覆在地上、泥土裏翻找，撿出任何可吃的食糧。而我們做人的道理也是一樣，應該靈活地在各種環境裏，不斷試著尋思任何發展的機會。

巧手慧心

我有二兄二姊，擅長幫女性顧客量身訂製內衣的大姊，大我十六歲。
我倆相貌神似，五官都是母親的翻版。

國小一年級那年，曉日未明，目送她披上嫁衣，然後乘坐停靠在山頂
的迎親大型遊覽車離開故鄉。爾後每次見她回娘家，老覺得她是長
輩，叫一聲「阿姊」，就快速跑開。

每年暑假，我最喜歡到臺中大姊家小住！那段無憂的日子，除了伴隨
三個小外甥戲耍之外，就是乖乖在縫紉機前幫忙「穿鈕仔筋」。

大姊先裁好等寬的布條，用針車縫成細長的帶子，我再穿入一顆顆白
鈕扣，使成等距離，再一一剪斷，之後做為內衣和束腹的重要配件。

錄音

堂兄煙奇新買一臺錄音機，邀喝三合院的小朋友來試音。

大家圍靠過來，好奇看著新玩意兒，滿懷雀躍。

「現在，大家開始說話，我要錄音喔！」

結果，四周靜悄悄，大家都不敢開口。

後來，終於有人出聲了！

一個不知天高地厚的小女生，開嗓唱歌……

試了一小段，堂兄倒帶，播出來給大家聽，聲音清亮，還滿悅耳。

那個小丫頭就是我，這是我第一次錄音的美妙經驗！

電視的魅力

五〇年代，家庭新寵出現在寶島，農村也不例外。

只要下課鐘響，同學們便迫不及待直衝學校旁的農家，門口和窗戶已經堵滿了人。個頭瘦小的我，從人縫裏硬擠進一個空隙，讓兩隻眼睛看得到螢幕裏閃爍跳動的黑白畫面。

天啊！每一個黑白節目都比書包裏的彩色讀物有趣多了！自從生活中有了它，我的作息步調開始出亂子。腦海多了憧憬，讀書少了動力，成績已不重要。

有一天，夜歸的父親見我沈迷至此，舉起平時用來趕雞鴨的長竹枝，狠力抽打，痛得我哇哇大叫，即使躲進臥鋪角落的蚊帳裏，大聲向母親求救，仍難逃懲處的厄運。

從此，我謹記「業精於勤荒於嬉」的告誡，用功讀書，再也不敢明目張膽看電視了！

透心涼的愛

那支嶄新的第一牌電風座扇，似乎還在轉動著……轉動著夏日裏由電源線傳送過來的陣陣清風，吹呀吹，吹遍臥房每個角落，吹得我滿懷歡喜透心涼！

那是二哥清雲用攢積多時的錢購買而來，他專程從都市帶回故鄉，送給家人的驅暑聖品，最受惠的人要算是我了。每次中午放學回家，斗大的汗珠還在太陽穴停留，我便顧不得身上的制服和書包，屈跪在榻榻米床，撥開上衣鈕扣，肚子對準風速超強的電風扇，享受當下的清涼與快意。

去籤仔店

年紀尚小時，能替爸媽跑腿做些小事，養雞、餵鴨、去籤仔店買什物……都是快樂的差事。去籤仔店，徒步往返要半個鐘頭，算是遠距離，我喜歡找小姪女淑惠同行，一路嬉戲、唱歌，蹦蹦跳跳，歡喜作伴。

到店家，我總是一口氣說出要買的東西——冬粉、雞蛋、罐頭、醬油、花生、火柴、衛生紙、粗鹽、砂糖……老闆夫妻常誇我記性好，並向店裏熟客介紹我是大鞍江霖叔的小女兒。

每走一趟籤仔店，父親總不吝對我慷慨獎勵。他用商家找零的銅板做打賞，通常是五角，有時給一塊，讓我可以隨意買芒果乾、酸梅和文具……這樣我就很開心了。

往事只能回味

十一歲那年的某一天，體育老師教我們打躲避球。

他向全班同學說明遊戲規則後，就進教室去了。最怕被打到頭的我，乘機偷懶，找幾位女生到高大的龍眼樹下，說昨天從父親那裏聽來的故事、猜謎，還有從收音機學來的新歌，「時光一逝永不回，往事只能回味，憶童年時竹馬青梅，兩小無猜日夜相隨……」

這首歌，至今愛唱，倒背如流。

赤手空拳的想望

五十年前的農村，豢養家禽和家畜的現象很普遍，雞舍、豬圈、葡萄棚景象歷久不褪。三合院東廂的護龍，是二姊和我經常戲耍的地方，我倆最愛鬥嘴、吵架，但感情還是很融洽。

小小年紀的我們，對於父母操持農作、守護家園的苦心經營，感受良深。除了偶爾當個小幫手，還有共同的願望：將來不辜負爸媽的期待，只要勤勞打拚，假以時日，赤手空拳必能打造一方立足之地。

Part —— 2　天地萬物皆我師

小圓桌

小時候的臥室是個大通鋪，功能全方位，安眠之外，只要架起小圓桌，就是另一番新天地。

夜晚做功課，它是我最親密的夥伴；迎媽祖大拜拜時，邀請親朋好友來作客，它讓我晉升為小主人，為班上同學添飯勸菜，學會待客之道；偶來興致，在小圓桌下一盤西瓜棋，大戰幾回合，輸贏不打緊，增長智慧最重要！

橡皮筋遊戲

下課時分，教室外十分熱鬧。小朋友都愛玩橡皮筋，只是男生和女生玩法不同。我愛將橡皮筋套在手指上，拉出星星、蜘蛛網、蝴蝶或籃子等形狀，有時候，也喜歡邀人玩橡皮筋互彈的遊戲。

最特別的是將五顏六色的橡皮筋，用一條、兩條或是多條成一束連接起來，變成一串有彈性的長繩，拿來和同儕玩跳高、跳繩、跳橡皮筋……那都是我小學課餘時間最喜歡的玩物。

挑戰極限、超級有趣。我到現在仍喜歡收集橡皮筋，偶爾在手上把玩、回味。

天真爛漫逐夢時

遙憶童年，看別人唱歌、演講，鼓掌的同時，心裏充滿羨慕。常想：哪天，我若站在高處，面對睽睽眾目，不知是什麼滋味？

一個假日，和同儕來到鳳梨坪磊石堆附近，大家提議玩扮家家酒，拿葉當盤，摘花當菜，搬石當桌，撿來樹枝當筷子……並安排各種角色，儼然大人當家，快樂極啦！

有人看到旁邊的大石堆，很像學校的司令臺。之後，噱頭轉換，輪流唱歌、表演，嬉鬧不拘……我也樂於站上天然舞臺，唱出拿手閩南語老歌──〈爸爸是行船人〉、〈爸爸緊返來〉。

美好的經驗，駐留心底，從彼時發酵，以致後來只要有機會，從容上臺，主持、表演、說話、唱歌，用聲音結眾緣，樂此不疲。

簷下觀雨

天空轉烏陰之後，便是溼答答的世界了！

大人擔心屋外下大雨，如瀉、如倒、如潑；

連帶屋裏下小雨，叮叮咚咚響，節奏跳躍……

時間久了，很多東西開始發潮，生黴味。

我呢！幼年不知愁滋味，

最愛觀望雨水從天而降、紛飛，順著屋頂瓦片滑向溝槽，

一道道水柱滴落盛水用的大木桶，注滿、沈澱、澄澈……

就成了甘醇的飲用水了！

下雨時，

我喜歡拿把木凳，坐在屋簷下，

觀明透雨景，也伸手玩弄雨絲，滑滑涼涼，好快樂。

有時調皮心起，乾脆赤著雙腳在地上用力踩踏，

看水花四濺，心也跟著飛揚。

調皮心起 赤腳踩水

如影隨形

我和二姊像鬥雞，每天必戰數回合，母親也拿我們沒辦法。

只有兩件事，會讓我們很快忘記吵鬧，那就是唱歌和玩手影遊戲。

記得掛在壁上的微弱燈光總是忽明忽暗，投射之處有黑影跟著晃動、搖曳。二姊和我睡醒時，會從被窩裏鑽出頭來，舞動雙手，喊出剪刀、石頭、布，接著比出飛鳥、狗頭、羊、鹿、蝸牛、槍、愛心等手影，遊戲富於變化，而且還有動感，愈玩愈有趣。

說也奇怪，玩著、玩著，二姊和我早就忘了吵架這回事了。

廚房驚魂

有一天，夜晚十點多，從堂伯家看完電視，躡手躡腳回家，唯恐遭父親責備。才踏進黑漆漆的廚房，切了電燈開關，忽見一個小黑影，從破了洞的吊籃裏竄出，快速順著粗繩往上攀爬，然後一溜煙從天花板消失，倏地不見縱影，只剩嚇得魂魄四散的我，尖聲呼叫「媽媽」、「媽媽」，兩腳癱軟，背脊也涼了半截！

事隔半世紀，那一小團陰影還在。光想到「鼠」字或牠的樣貌，我就會渾身起雞皮疙瘩，那一次的驚嚇記憶，應是最大的肇因吧！所以，我決定畫下牠、面對牠，然後放下牠！

畫下牠　面對牠　放下牠

被遺忘的一次

向來被呵護備至的我，嘗過一次被全世界遺忘的經驗，至今難忘。

放學回家，屋裏少了招呼聲，飯桌上也沒有熱騰騰的飯菜……

獨自一人在空蕩蕩的房間裏，先安靜做功課，準備明天的考試吧！

背書、默寫、做算術，偏偏我的腦袋瓜湧現好多恐怖的景象──

鬼魅出現在窗前、蛇蠍竄進來、鼠輩躲在床鋪下……

不覺背脊陣陣寒涼！

改變主意，趕快藏身到被窩裏，把檯燈再挪靠近些，以便讀書，轉移注意力。但眼睛的餘光，總覺瞥見黑影處處，我不敢正視，愈想愈心慌，要是身影離地三尺的魍魎出現，還是蛇、鼠或壞人躲在床下，那我該怎辦才好？

為什麼爸、媽都還沒有回來？為什麼大家把我給遺忘了。只記得那一夜，好漫長、好恐怖、好無助，至於後來我是如何熬過的？倒想不起來了！

篩石仔

母親的雙手，一直是萬能的，家事、農活，無一不精。除了忙自家的農務，也會四處打探哪兒有打零工的訊息──晒稻穀、挖荸薺、篩石仔……出外打拚，早出晚歸。

臺灣中部的烏溪橋，是連結南投草屯和臺中霧峰兩地的重要橋梁。昭和六年（一九三一年）時，僅為一座吊橋，到民國四十九年（一九六〇年），烏溪橋改建為雙向單線道通行的混凝土橋梁。據二哥回憶說，在那個沒水沒電的年代，家中食指浩繁，母親常得摸黑起早，從家裏徒步到烏溪橋下的砂石場，幫人「篩石仔」賺錢。偶爾，他與大哥西鋒也和母親作伴，前往做「囝仔工」，即使工資極其微薄，但聊勝於無。

壓竹籜

我特愛吃筍，和筍有關的記憶格外深刻。

那大概是我六歲的光景，晚餐過後，在廚房昏黃的燈光下，有幾個低頭忙碌的身影……

母親坐在矮凳上，整理白天摘回來的一簍簍竹籜，兄和姊在一旁幫忙搬石、拿磚。他們分工合作，準備用石頭和磚塊將成疊的竹籜壓平。之後，那些看起來硬硬的、一面光滑、另一面粗粗帶有毛狀細刺的褐色竹殼，用月桃葉做成的繩索捆綁起來，隔早由母親挑到員林街上賣錢，換一些日常用品回來。

挖麻竹筍

當麻竹筍產季來臨，母親得摸黑起早，叫醒睡意猶濃的我趕緊披衣，持著亮度微弱的手電筒，亦步亦趨走向三合院外的迷霧竹林，默聲開挖覆滿落葉的新筍。過程中不發一語，卻教導我一種叫「堅毅」的精神，賣力地在星空下討生活。

牧羊女

爸媽除了豢養豬仔、雞、鴨，還有一頭黑山羊。那時候，我最喜歡清唱的歌就是〈小小羊兒要回家〉。

屋後崎頂，果園旁的大樹下，有大片綠原，盎然豐盛。每天，帶羊兒到附近，將圈住頸項的那條繩索牢繫在樹幹上，任牠遊走、吃草，安心放養。

一天午後，天色變烏陰，突然下起了西北雨。我想起爸媽常叮嚀：「羊咩仔怕水，千萬不能讓牠淋到雨，否則會生病、死翹翹。」於是，趕忙往崎頂狂奔，救羊要緊！

好不容易解開那纏繞在樹幹一圈又一圈的繩索，偏偏那羊不知好歹，和我作對，起初任我使勁拉扯，一動也不動僵在原地，之後又悻悻然突然衝下坡，我只好被牠硬拉著走，一路追著牠跑回家……

驟雨直下，雷電交加。放眼鳳梨園裏，幾座舊墳隱約可見，感覺還有一閃一閃的晦光，令我毛骨悚然，真怕魔鬼出現。

柴薪印象

柴、米、油、鹽、醬、醋、茶，一直是農村生活要素。說到柴火，就想到全家總動員的景象——母親從果園砍相思樹、龍眼枯枝之類的木柴，肩挑重擔不言苦；父親與兄長將粗幹鋸成段木，再堆放到屋簷下備用。

我最愛跟前跟後，隨時聽候差遣。去籤仔店買雜貨、到前院陪姪女玩、到菜園摘九層塔、到雞舍撿雞蛋，或將成堆的細枝椏切割，約一尺長，綁成一束一束的草綑，是大灶用來煮食的上等助燃柴料。

有時放學回家，看到父親正忙著鋸木柴，愛玩的我索性坐在上面，像騎著木馬一樣，用手穩住它，高聲唱歌，一首接一首，自得其樂。

待客聖品

故居屋後左方，有一大片農園依山綿延。高大的龍眼樹、橄欖樹、紅肉李樹、木瓜樹錯落，其餘清一色屬蓬萊種的鳳梨欉遍滿山丘，這是父母親手栽植、照護，也是維持家計的主要農作物。這酸中帶甜、美味多汁的特有果實，可是家人用來炫耀的待客聖品呢！

假日，鳳梨園成觀光小勝地。稀客們喜歡走近農園觀望，可又害怕蚊蟲叮咬；想摘取果實嘗鮮，可又擔心被尖銳葉片刺痛皮膚……其實只要側身順著鳳梨葉的背面，一面用手推撥，一面快速通過，自然毫髮未傷，安全過關！另外，我們也練就不必拿鐮刀「殺」鳳梨，只須徒手將它重擊於石塊，皮裂、果肉綻，即可掰開現吃。

九彎十八拐

家鄉有一條陡峭崎嶇的山路,我稱它為「九彎十八拐」。那是從南勢埔通往圳垱的捷徑,村民挑擔營生或採買日常用品時,可從這裏快速抵達熱鬧的街區。

求學階段,大哥每天必需來回六趟,挑三擔井水,注滿廚房的水缸,再走一小時的石子路,到初中上課。沿途人單影隻,喃喃自語背誦英語單字、片語或國文、歷史、地理,因此學會強記功夫,練就體能和腳力。高中也是如此,前後六年,履險如夷,存平常心。

當父親或兄長夜歸,母親總會擔心路暗多險,帶著膽小怕鬼的二姊和我,一路呼喚他們,直到隱約聽到從山林傳來的回應聲,懸念的心才放下。

這幽徑現已不復當年樣貌,但我仍懷念那段腳穿拖鞋攀高走低、難行能行的往事。

俯拾綠元寶

「嬰仔，我今天掉了一些錢在厝後的鳳梨園，你去幫忙撿，那些就全部給你。」週六中午，我剛放學回家，吃飯時，父親很神祕地告訴我。

「多少錢？怎麼會掉在那裏呢？都是銅板嗎？」我很好奇，父親為什麼不直接撿起來，還要我專程去一趟？

「差不多五十塊錢吧！等一下你去就知道了。」我經常當父親的跑腿，這次也不例外。到屋後不遠的農園，一看，高大的橄欖樹下，一顆顆的橄欖就像綠元寶，吸睛，可愛！

原來，父親事先將大型帆布覆蓋在鳳梨欉上面，然後拿竹竿用力敲打樹上結實纍纍的橄欖，使之一粒粒掉落在帆布上。如此，他可省去攀爬採摘的辛勞，而我，只要在涼爽的樹蔭下方俯身撿拾。

撿了半簍橄欖，賣了錢，得款約五十元　原來，他所形容的「錢」，就是這些橄欖果的代名詞。美喻，妙哉！

樹上掉下來的「錢」！

憫念間

父親有一顆慈心，善待鄉里的「散赤人」，常將米糧、水果、醃漬品、草藥和宗親分享，或幫村人調解糾紛、分田產、讀信、寫家書，無償收驚、畫符、安八卦。

一回，瘦骨嶙峋的老人徒步挨家挨戶叫賣之後，在我家「護龍」歇腳，他一面開講，一面吃著隨身帶的飯包。父親瞧見他匣子裏的食物無幾，於心不忍，進屋挾些家常粗食給他，又繼續聊起天來。這小小動作，卻令我難忘。

智者過橋

孩提時代，我最愛聽父親或在客廳，或在飯桌旁，高談闊論，

有時聽他談古說今，有時猜想他所提出的機智問答，緊張又刺

激……

有一天，父親告訴我一則智者過橋的故事，

他先考驗我，讓我一猜再猜，

再引導我用心思考該怎麼做才行得通，

啟發我遇事要懂得「變竅」很重要！

當腦筋轉彎，困難才能迎刃而解！

懂得「變竅」很重要！

慷慨身教

老家屋後的簷下，有個用來「隱芎蕉」的大甕缸。父親把從南投中寮果園挑回來的一整弓綠皮香蕉，一串一串割開後，層疊堆放入大甕，再放進「電土（碳化鈣）」，點上線香燜熱，最後蓋上麻布袋密封。經幾天催熟過後，香氣漫溢，引我垂涎。

放學時分，雙親都在外面忙農活。我回到家第一件事就是先繞到屋後，掀開封住甕口的麻袋，伸手探入，取兩根香蕉填肚，瞬間解飢裏腹。

壯年的父親長期離家，到南投中寮墾荒，胼手胝足栽種滿山的梅仔樹和香蕉，當果園照料有成，他從產地肩挑徒步、搭客運、轉車、再擔重步行回家。

待香蕉「隱」至熟黃，乘新鮮挨家挨戶分送，和左鄰右舍共享成果。父親給我的印象，不只勤勞和守分，還有「慷慨」的身教。

豐收，分送鄰人。

女紅初體驗

九二一地震之後，返臺探親的同時，也參加了慈濟希望工程埔里國中鋪草皮的工作。沒想到同車的一位志工，竟是我睽違二十幾年的家事課老師。談今敘舊，勾起當年開始學做女紅的經驗——圍巾、草帽、童軍椅、桌墊、靠墊、十字繡、珠包、填充娃娃、小紅馬……五顏六色，豐富了青澀年華。

有一回，隔天就要繳交成品了，我卻束手無策，原因是有一道工序需要用縫紉機縫合。眼看夜色漸深，只好哭著向母親抱怨，媽媽立刻帶我到鄰居家敲門求助。向來疼我的復興嫂用她的嫁妝——裁縫車，不疾不徐踩踏出了美好的弧線，就像我臉上的笑容，彎彎的、柔柔的。

行願志為梯

大姊、大哥、二哥、二姊，相繼離開家鄉，大宅院門口埕的長板
椅條，成為我的專屬書桌，編織人生美夢，從伏案用功開始⋯⋯
篤實的雙親，終年守護家園，忙於農事，無分晝夜晴雨，培育子
女，心血全然奉獻。待我們日漸長成，揮手目送，殷殷寄望——
登石級出外打拚，進穩階迎向光明！

Part —— 3   愛是親情所繫

拜天公

星空下，弦月高掛，寒露深重，爸媽喚醒我們，快快漱洗，穿上潔淨保暖的新衣，幫忙端捧供品到門庭中央，靜觀父叔輩如何設龕擺桌，等待「拜天公」時刻的到來。

永遠的白襯衫、西裝褲，天冷時加上一條大姊編織的藍色圍巾，是父親慣有的穿著。我喜歡聽他說天公的故事、金炮燭的用途、香的拿法，還有句句出於至誠的祝禱詞──祈求風調雨順、國泰民安、闔家吉祥。

迎鼓仔燈

每年的今天，總有一個心願。那是一種浪漫的憧憬，美麗的想望。住在農村，每到「小過年」，兄姊們早就回到臺中的工作崗位，只剩下雙親和我，心裏不免感到孤單。晚飯過後，只能羨慕鄰家小孩，擎舉著鑿了幾個洞的空奶粉罐，裏面點根蠟燭，發出閃閃晃晃的亮光，充當鼓仔燈。

直到有一年，二姊帶了一支折疊式的紙糊燈籠給我。迫不及待將這小玩意兒拉長，再點上蠟燭，喜孜孜拿著它，故意探照周遭黑暗處，照照花、草和牆壁，也到伯叔家串門子，唯恐左鄰右舍的堂兄弟不知道我有一支新的鼓仔燈。

那一夜，帶著捨不得熄燈的笑意進入夢鄉。夢裏，好多形色的燈籠，一盞、一盞亮滿梅鏡堂。

古清明 追客運

農曆三月初三古清明，父親偕兄長和我去芬園的一處公墓祭拜祖先，幾乎每一戶都備齊了牲禮、糕粿、四方金、銀紙、掛紙等供品，還有鐮刀、鋤頭等工具。仔細修祖墳、除雜草之後，口中還要念念有詞感謝龍神（山靈或山龍）與福神（后土或土地公）護佑之恩，再祈請祖先享用子孫們所敬備的豐盛供品。

現場聽父執輩訴說祖籍、節氣和習俗，如剝蛋殼、壓墓紙、酹酒、用銅錢擲筊，給放牛或前來的孩子臆墓粿……大方的富貴人家，也會賞錢或分發麵龜……

掃完墓，和父兄走往街口準備搭客運。無奈雨勢漸大，不得不疾走，突然，看大家向前飛奔，我也跟進，更加緊腳步快跑……原來，彰化客運已從遠處駛來，而且超越我們。我一方面急著要躲雨，一方面窮追這一小時才一班的大巴士，三步併作兩步跑……氣喘吁吁，終也被我追上，擠進了車門，安然回家！

夢鄉極品

我是老么，嘴角有顆食祿痣，母親常説我是一個有口福的人，一生不愁吃，無論走到哪兒，都不會餓著。真的，有時候連睡覺都還聞香起床呢！

端午節前夕，母親忙進忙出備料，即使我已睡意朦朧，仍可聽到她翻動瓢、盆、鍋蓋的聲響……「嬰仔！快起來！粽子蒸好了喔！」從夢鄉醒來，母親已將美味送到面前。

情滿中秋

想到「八月半」，腦海便會連結許多印象——土地公枴、月餅、柚子和龍眼，還有那輪掛於半天高的明月、嬤婆忙著打草鞋、伯叔輩喝茶聊天，同儕嬉遊打鬧奔跑……彷彿大家族要在梅鏡堂前的「門口埕」，打造一座溫情十足的觀景臺，男女老少賞月到天明。

今逢中秋，耳邊輕輕響起鄧麗君的應景歌聲，又讓我懷念那段人情濃郁禮尚往來、猛敲臉盆祈月現身的童趣歲月。遙想親友憶故舊，隨口吟唱心愛的詩歌——但願人長久，千里共嬋娟。

戀戀圓仔丁

冬節前夕，母親和兄姊搓湯圓，全家過冬至的情景暖胃溫心；翌日，煮好湯圓酬神、祭祖，謝恩之後，再粘貼一兩顆於門楣，稱為「糊圓仔丁」。

彼時的我，喜歡躺在門檻上，高舉雙腳，巴望著圓仔丁乾燥後取下來烘烤食用，據說可佑平安！

呷圓仔 保平安

第一次搭火車

父親、大哥和我，三人摸黑起早，帶著母親準備好的提鍋，和一大包伴手禮，持手電筒，攀走一段好長的石階，穿過薄霧寒露，一小時腳程過後，見燈火微明，員林火車站在望，開往臺北的火車就要進站了。

那年我六歲，第一次上臺北。慢車「空嚨、空嚨」的聲音穿入耳膜，父親買了竹片盒裝的鐵路便當，黃蘿蔔、滷蛋可比人間美味，長而暗的隧道最令人感到好奇，愈是靠近，愈睜大眼睛。

睡睡醒醒到松山，見到大姊時，已是暮黑深夜，媽媽的那鍋親手料理安全送達，還溢出了撲鼻香。

飯桌上的寶物

古早農村社會，家家生活規律，人人三餐定時，餐桌上的聚會成了親情的交流道。再怎麼忙，吃飯皇帝大，誰也不能剝奪親情時光。

收音機是家裏唯一的文明產物，邊聽廣播邊用餐，成了全家人的最佳「開胃菜」。也許是頻道單一，接收的訊息單純，家人都向著同一個圓心靠近，萌生共鳴，感情更深濃。

我懷念聽收音機的童年歲月！是它，讓我常懷好奇，總是對裏頭的世界心生嚮往，也開始有了崇拜的偶像。幻想有朝一日，自己可以成為會講古的人、會唱歌的人，或者是滔滔說話的廣播員。

寄藥包

小時候，每家牆壁上都會掛著一只令我好奇的袋子——藥包仔。
裏面放著各種居家必備的藥品。藥商大概每個月來盤算一次消耗
的藥品量和價錢，或遞補、或汰換。隨著時代進步，孩提「吃藥」
的方式，也逐漸式微，成為歷史的煙塵……

憶寄藥包的年代，

好奇偷嘗邀同儕，

藥草偏方八卦癀，

往事如煙今安在？

喜窺新嫁娘

六歲那年，堂兄復興結婚，三合院張燈結綵、熱鬧滾滾。大人們忙進忙出，搬扛桌椅，張羅喜宴；一群人穿金戴銀，頭上和胸前佩戴著大紅花，喜洋洋迎接新嫁娘的到來。

正午，大家紛紛往門口埕移步，大享宴席美味。唯獨我躲在新房的門縫，不斷地踮著腳尖往裏張望，就是想瞧瞧新娘子那一身的雪白，和頭紗輕蓋的模樣。

曲盤勵稚心

「燕姑仔，這裏有曲盤，我放給你聽⋯⋯」彼年，我七歲，上無公婆的堂嫂陳吉初為人母，有時忙於家務，常喚我充當推手，幫她照顧襁褓中的小女娃。一面輕輕晃著粗布製的搖籃，一面學起電唱機裏的音樂，哼哼唱唱，認了字，學了歌⋯⋯

很多歌的意境，我一知半解，但聽的次數多了，加上歌手融入情感的歌聲，歌詞多押韻，勵志、抒情、勸世，好聽又好記。

堂嫂慷慨地將當年稀有、昂貴的嫁妝──電唱機、唱片，任我操作學習，也因此讓我培養出這輩子最大的興趣，天天開嗓唱歌，至今仍樂此不疲。

姑姪情深

在我十歲左右，遠嫁的厝姑婆張梁破偶爾回來探親、敍舊，還帶著伴手禮，是我和姊姊最興奮的事。

若厝姑婆回來，遇隆冬或寒流來襲，父親會要我拿出家裏唯一的一只竹編火籠，吩咐我在火籠的陶盆裏先鋪上一層灰燼，再從大灶取出燒紅的木炭，放在上面，再蓋上一層木灰，給八十幾歲的厝姑婆取暖。

父親和厝姑婆年紀相差三十歲，感情非常要好，每次見面，無所不談。那天，姑姪倆坐在長條椅凳，就著暖烘烘的火籠，天南地北聊了起來。那一幕看在我眼裏，我覺得父親很孝順，厝姑婆好幸福。

隔空喊話鎮驚恐

踽踽獨行十分鐘，方寸忐忑返家中。

母女親情繫兩端，隔空喊話鎮驚恐。

深夜，愛女搭捷運，下車需徒步經過路樹高聳的幽徑，她用手機和在家的我通話壯膽，藉邊走邊談天説地，驅除心裏的害怕，很快便回到家！

想起五十年前讀國中時，放學趕搭末班客運後，還得摸黑走回家。月明、星稀、北風吹、荒草動，沿路聽聞遠方傳來的狗吠如狼嚎，路旁墳塚隱約可見，總覺鬼影幢幢，腳步加快，毛骨悚然，背脊寒涼，唯恐魍魎隨身。

終於轉向山腳下，那屋舍透光的廚房，有母親倚窗盼望。當我在山頂放聲呼叫娘：「媽媽，媽媽～」她翹首提高嗓門回應：「嬰仔，嬰仔，慢慢仔行，有媽媽佇這甲你作伴，毋免驚！」

韶光倩影

任教於小學的大哥，像一名專業導演，示意我拿著一本書，纖指輕撩裙襬，才慎重地按下快門。大哥最喜歡教我唱歌，也幫我留下最多的韶光倩影，成了我少女時代的美麗回憶。

憶當年，最流行的一句話是：勿忘影中人。

現在呢，我想說的一句話是：感恩掌鏡人。

偷偷看看

少女時代，二姊在緊鄰遠東百貨的服飾店販售女裝。有一天，看見對街有個熟悉的身影，一身農婦裝扮，好像母親……等忙碌過後，定睛再瞧，已不見挑擔的婦女。

幾天後回家，二姊告訴母親這件事。「你忙上班，好久沒回家了！我只好隔著馬路，藏身店家的大柱後偷偷看看你，滿足對你的惦念……」原來，對挑擔營生的母親而言，從芬園鄉下搭客運再轉乘公路局到臺中市中心，沿街叫賣，在騎樓下須臾停留，隔街望女，也是一種幸福。

幸福的直達專車

四十多年前的某一天……

糟糕！我睡過頭了。怎麼辦？上學遲到是很丟臉的事，眼看著時針已超過平時出發的時間，心急如焚。

「二哥，起床，快載我去，我要遲到了……」騎乘「歐多拜」奔馳，經過市區、草湖、霧峰、烏溪橋……當時，民風保守，我在後座都不敢摟二哥的腰，保持距離，雙手緊抓著貨架，一心只希望趕上早自習和升旗典禮。

那時，交通號誌少，車流不多，路況單純，騎機車沒有戴安全帽的規定。但絕大多數的人民都很守法，不太有超速的情形。過了烏溪橋，校舍在望，我的心安了下來。

回想往事，心裏甜甜的、暖暖的。機車早已汰換，母校也因九二一地震夷為平地而他遷。但這分手足情懷根深柢固，令我牢牢記住！

親愛的舅媽

最不喜歡放學的時候下雨，但最懷念下雨時有人關懷的溫暖。

信豐布莊是舅父李旺山的住所，也是他事業的源頭。顧客上門揀選花色，夥計忙著丈量布疋，舅父專注地揮毫書寫喜幛，還有一位福泰的老闆娘，總是一臉笑意地招呼著大家，她就是我親愛的舅媽李洪月媚。

每次放學，需要快步追趕客運的我，都會經過信豐布莊，那兒就像我第二個家。有一回，突來的西北雨，令我好生苦惱。遠遠地，看見有人翹首盼望，拿著傘在店門口等我。

畫的只是這一幕，緬懷的卻是老人家一生懿德。縱然舅媽已仙逝幾十年，她的慈藹音容，我永遠記得。

來喔！吃番麥

母親愛燉米糕給家人進補，加點米酒和龍眼乾，香氣迷人！

有時，她會用白水煮芋頭、地瓜、花生筴或用鹽巴炒刺瓜籽，給我們當作點心。有時在昏黃燈光下，端出限量版的番麥（玉蜀黍），因為只有一根或兩根，需要用菜刀切成段，每個人只能分到一小塊品嘗，寶貝得很。

物以稀為貴，我和姊姊都是用手指頭慢慢剝下一顆玉米粒，放入嘴裏細嚼慢嚥，硬硬的、ＱＱ的、香香的口感，嚼勁十足。

借桌椅

在農村社會，遇有婚喪喜慶或建醮、大拜拜的日子，可見親戚相互幫襯、互借用品的大團結景象。

在那個物質困乏的年代，倘若有人嫁娶，遠方的親戚難得來一趟，過夜是必然。可是，棉被、飯桌、椅凳不夠怎麼辦？

放心！一家有大事，十方來相助。小孩忙著打掃院落和鋪滿落葉的石子路，大人忙著張羅，還要向近鄰借桌椅，有的遠親也會自行挑棉被來過夜，融洽而和諧。

菜尾人情香

在那個年代，冰箱是不存在的。一番熱鬧、齒頰留香過後，剩下的美味和湯品該如何善後？人們的做法是再加熱，然後裝入大鉛桶，帶上杓具，徒步將這些集結所有珍貴食材燉煮出來的精華，挨家挨戶一瓢一瓢分送出去。

當時，好像沒有人拒絕吃「菜尾」這件事。看在我眼裏，宗親間相互幫襯、惜情、惜物、惜福的美德，是最珍貴的畫面。

那一道殘羹佳餚，綜合色與香，使人情回甘。

回不去的桃花源

早年，先祖梁水生從彰化芬園鄉新寮攜眷遷徙到大鞍安家落戶。

三合院腳下那口圓井，不只供應梁家三十幾口人使用，連近鄰都受惠。親友們來訪時，也會順帶容器裝回飲用。在他們的口中，那井水是泡茶聖品。

有一年乾旱，井水幾乎見底，家家戶戶必須派員輪流守候等水，從白晝到深夜，還得跨足移步走下井底，一杓一杓將井水舀進鉛桶裏，再提著它小心翼翼一階一階往上攀爬……

這是我第一次真切體會到水是大生命。那從地湧冒而出的點點滴滴，都是得來不易的日常珍品。

而每當豪雨過後，古井旁那平常乾涸的淺溝也活絡了起來！婦女們捨棄原有的洗衣池，換到水流充沛的清渠埋頭濯洗衣被。

我們乘機相邀，抓青蛙、撈蝌蚪，玩到忘時，天黑才返家門，然後挨一頓罵也甘願。

婆婆好忙

和外子文和相偕散步時，聊到臺中大里家裏，仍保存一輛婆婆陳吳好生前所騎的腳踏車。我一邊聽著他口述記憶中的媽媽，一邊勾勒著「畫」面。

他說：「阿母省吃儉用，樸實無華，天天忙碌，幾乎沒有閒下來過。父親有很長一段時間，深受十二指腸潰瘍所苦，無法出外幹活，生活重擔全壓在母親的肩頭上。我經常在上下學的路上，看她踩著腳踏車來回進出的身影，不曉得她在忙什麼，要到哪裏去？」

婆婆擁有好廚藝，做粿、綁粽，時常用手路菜辦桌請客，澎湃又好吃；晚年，則經常主動幫鄰居阿桑做各種糕粿販賣，助她改善經濟，但自己分毫未取。感恩婆婆用八十八年的歲月植福在人間，圓滿慈濟榮譽董事，留德蔭子孫。

團結奮鬥創新局

五十年前，二哥克難創業，端賴父母向親戚籌借資本。他借大姊的店面擺一櫥櫃，騎大姊夫介元的腳踏車拓展業務。三個月後，租賃五坪大低矮店面，我負責取店名，二姊加入合力經營。

已婚的大哥省吃儉用，每次從臺北回到臺中，必先查看米甕存糧，經常慷慨掏腰包貼補家用。

而後二姊出嫁，二嫂月女入門，逐漸有了另番新局——

新嫁娘，到梁家，開始奮鬥的生涯，

柴米油鹽醬醋茶，從早忙到眼昏花。

事業剛起步步艱，接單漂染樣樣練，

親力親為勤加工，應接不暇把貨送。

擴展經營到大陸，事業版圖慶長紅，

原山花邊和鈕扣，有口皆碑稱翹楚。

如今兄姊和我都已退休，每當談起這段團結奮鬥的往事，感恩心猶在。

梁家鈕帶　緊扣親心

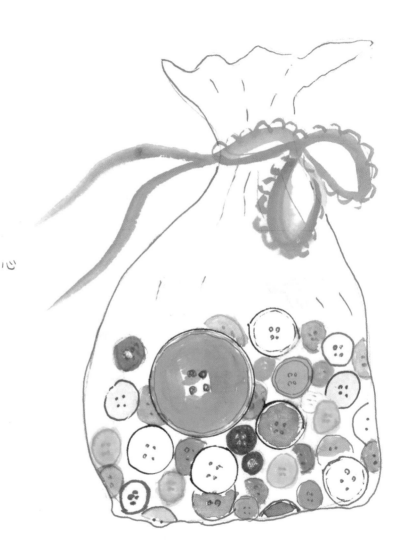

Part —— 4 移民歲月

九九起步 發心久久

從逐字手寫，填滿潔白的紙張開始，到敲鍵為文，一行又一行，一篇又一篇，記錄曾經走過的足跡。

生活隨筆，豐富了多采的移民歲月；活動報導，全納入慈濟大藏經。

驀然回首，時光的拋物線，從一九九九飛越二十四個春秋，好在銜師志以來，我沒偷懶，才能日起有功，累積成書架上豐厚的冊頁。

擷取璀璨，文史流芳；咀嚼甘味，猶勝珍饈。

定居加拿大溫哥華已多年，總想著要用什麼方式讓子孫清楚，「我們是從哪裏來？」於是，藉圖畫説故事，成了生命教育的好教材！

越洋祝福

二〇一六年二月六日，臺灣南部發生大地震。二月十三日星期六，加拿大素里慈濟人文學校發起「送愛送福到南臺灣」活動，師長舉著寫有注音符號的詞句「臺灣」、「地震」、「虔誠」、「祈禱」，讓十二個年級、十六個班共近三百位學生了解箇中含意。

我獲邀承擔當天的主持工作，將事先畫好的這幅「隔海不隔情」在大螢幕上播映，並指著大地球儀上面的蕞爾小島，告訴低年級小朋友，「遙遠的臺灣南部發生嚴重地震，我們歡度新年的同時，別忘了為災民送上祝福。」

記不住的時光

每週六下午，我會到老人院服務，陪伴各族裔長者。氣質優雅的老人家，在身體勇健時，大腦裏可能存進了很多色彩斑斕的各類拼圖，隨著年長漸漸退化、失憶、失智，腦波殘存的映象，如同散落一地的碎片，也像閒置無用的五金零件，沈重地、無聲無息地鋪陳在陰暗的倉庫角落，蒙塵生灰……

當慈濟志工用閩南語和一位來自臺灣的阿媽寒暄，只要引出話題，她有談必應。雖然我們的對話沒有章法可循，只是藉由這一點點互動，共度她也不知道「我是誰」的時光。

再嘗站崗滋味

距離第一次站崗募款，已是十七年前的事了！那時，距離臺灣相當遙遠的土耳其，地震災情慘重，還是培訓委員的我，在慈濟臺中分會，跟著志工隊伍沿路行走，學習當一名逢人便鞠躬哈腰的勸募者。

同年，走向僑居之路，募款對象是加拿大人，受助者換成遭逢九二一震災的臺灣鄉親。一樣的姿態，不同的情愫，那是點滴入心的悲懷和鄉愁。

往後的歲月，一次次不尋常的生命課題，南亞海嘯、美國卡崔娜颶風、緬甸風災、中國汶川大地震、寶島莫拉克風災、日本三一一地震……在在儆醒了我，國土危脆與無常觀。

唯一料想不到的是，這次站崗的訴求竟是「自救」。那車程需十六小時才能抵達的加拿大亞伯達省，此刻，山林仍陷火海，不知熊熊烈焰幾時方休？

掃街二十四年

一九九九年移民加拿大後，我們夫妻向慈濟報到的第一個志工站就是掃街。

最初，是從素里市區開始投入，而後也參加溫哥華中國城的掃街。我們幾十位志工，套上市政府提供的鮮黃色背心，領取垃圾袋和長柄夾，然後分配成小組，依認養的路線，撿拾路邊的菸蒂、吸管、紙杯、易開罐、寶特瓶等丟棄物……約一個鐘頭工夫，還原街道潔淨樣貌。

我和家人在蘭里住了二十四年，這裏有好山好水，是我的第二故鄉。除了參加慈濟所認養靠小型機場旁的二一六街道，我們也自行申請認掃自家門前的長街，每月一次，未曾間歇。

遇見更好的知己

從二〇〇〇年至二〇一六年，連續十六年承擔慈濟加拿大分會慈誠委員培訓「圓緣」司儀。培訓幹事陳姿伶代表分會送我兩本慈濟道侶叢書，當下歡喜信受，如獲至寶。

回家，床頭書換了主角，率先閱讀《咱ㄟ庄腳病院》，再品《遇見更好的自己》，填補了半夜失眠的時光。

每一個人物，被編寫成不同劇本，我的眼眸隨著上下移動，心也跟著文字騰雲駕霧，遊化劇中人的翻轉人生！

文字是無聲的語言，有股穿透心牆的力量，感人肺腑，雖然我不認識他們，但讀它、閱它，彷彿知曉作者的筆下心情，也解讀故事主人翁的反轉人生，所以我更名為《遇見更好的知己》。

禮讓

美麗的溫哥華，綠茵鋪展，百卉齊綻，無處不飛花。

走著走著，從芒草叢縫隙瞥見一輛白車緩緩駛近。離路口還有一段距離，但感覺它已放緩車速，似乎是在等我們。

走到十字路口，操控特斯拉（Tesla）方向盤的女士對我笑著，揮手示意我們先過馬路。我還是愣了一下，停止前進。她和鄰座的男士再度揚手，做勢禮讓。我決定不再猶豫，快快穿越。

等我們過到對街的人行步道，金髮女駕駛才徐徐轉往右邊路段，回眸帶笑。我用笑顏點了點頭，並豎起兩根大拇指比出「感謝」的手語。對方笑得燦爛，一旁的男士順手搖下車窗，同樣帶著微笑回應我們……

一抹微笑、一個手勢、簡單的肢體語言，淡淡的、甜甜的、暖暖的，那是陌路人彼此心照不宣的交流。

打草根

春季是草坪養護的理想時節。在溫哥華,去除青苔(moss)行話叫「打草根」,而在打草根之前必先疏草。請近鄰好友 Louis 租來專用機具全面疏草,而收菁苔的善後工作,則由我們自己動手。女兒勵瑩、女婿 Thomas、外子和與我,一起加入了這次護園陣容,身著粗裝,分工合作。外子爬高鋸下杉枝,女婿在樹下忙著剪成小截,Louis 使勁推著機具前進,女兒隨後奮力扒掃青苔,我負責捧裝放入紙袋……去蕪存菁而後快。

覓春蹤

午後陽光灑大地，吾家後院展春機，

索性攜帶小農具，走到湖邊菜園裏。

開挖雜草和石礫，鋤去荒蕪煥亮麗，

徒手埋下馬鈴薯，還有蒜苗和蔥粒。

一排一排真整齊，湖邊取水近距離，

用愛澆灌新生命，期待來日綠茂密。

樂在雙手沾春泥，親撫大地好福氣，

彎腰耕耘植寶糧，心田無汙更歡喜。

喚醒孩提美記憶，窩居歲月愛嬉戲，

抓蜂捕蝶捉蜻蜓，嚮往自然真愜意。

田園栽種樂無比，合十向大地敬禮，

祈求災疫早止息，眾生皆安吾感激。

小嬌客

順著幽徑散步，我的心裏也有繁花跟著燦放！粉、白、黃、紫、紅、藍、綠，這些招蜂引蝶的小小野花群，密密麻麻，放眼皆是。沿路走，擦眼賞景也彎身採花，拿在手中把玩。

徒步將近兩小時，累得渾身無力，握在手中的嬌弱花兒也垂頭喪氣，葉兒捲曲，瓣似凋萎，莖更消瘦得像一條條細線，變得軟趴趴。

入屋第一件事，自己先灌了兩大杯水，再找來精緻美杯，注入清涼液，也略微修飾這一撮鮮嫩的小嬌客。不消一刻鐘，她們像剛甦醒的彩仙子，扮著笑臉抖擻問我：嗨！這裏是咱的新家嗎？

花是水做的

神木

參天巨木園中立，樹頭鏤空真稀奇，
看似少了支撐點，仰望枝繁葉茂密。
再走近些看仔細，中空蝕朽藏奇蹟，
遠處風景能觀見，綠映春景到眼前。

近看藏奇蹟

祥鴿築巢

兒子剛搬入新家，今天來了賀客，輕盈振翅而來，先在屋簷下來回踱步，咕，咕，咕，咕……似乎很滿意這棟坐北朝南的寶宅。

這一公一母，毛羽呈瓦灰、青、白、黑、綠、紅，頭與胸帶有紫綠色澤，斜陽映襯下閃亮發光。牠們的眼神和善，動作優雅，時而私語、時而觀望、時而啣枝……築巢的「建材」逐漸多了起來！

我告訴媳婦佳蓉：禽鳥來居是吉兆，祥鴿築巢更是好。

騾鹿掠影

福鹿來，福祿至。

每年的這個季節，你總會來造訪，有時夫妻同行，有時攜家帶眷，步伐輕盈迅速。我只能躲在屋裏，從落地窗窺伺，唯恐驚擾。

你似乎特喜歡吃嫩草、嫩葉，湖岸花叢和樹籬吸引你暫且停下腳步，享受新鮮美味。

註：哥倫比亞黑尾鹿（Black-tailed deer）學名騾鹿（Odocoileus hemionus）因有像騾的耳朵而得名，是一種馬身羊尾，頭窄、腳高但跑動迅速的動物。

寶物出土

鄰居送我們八十棵扁柏，外子請擅長園藝的朋友來幫忙，填補圍籬先前挖除需汰換的乾枯老株。那是一排用來做界線的樹牆，當鋤頭往深處挖掘，忽瞥見一亮晃晃的物品，定睛一看，是一枚戒指！

事隔三天，園丁朋友收工正要離去時，主動與遛狗經過的年輕夫婦打招呼，並提及挖到戒指一事。對方一聽，欣喜若狂，表示這是她爺爺二十幾年前遺失，經常被奶奶懷念的寶物。

說罷，拔腿奔回家告訴奶奶這個好消息！比鄰而居的奶奶喜出望外，與園丁朋友興奮地擁抱、握手道謝，同時秀出戴在她手上的另一只戒子，一模一樣。

失主現身

星期日，外子與我照例到慈濟志工定期服務的老人安養院關懷。

年邁體虛的老人家，在志工的鼓勵和協助下，一個個勉力甩球，想要擊倒短距離的塑膠保齡球瓶，卻又力不從心。

龐紅霞師姊告訴我：「旁邊這位女生經常來探望爺爺，很孝順。」

我總覺得活潑開朗的她，很親切，很眼熟，應該是在哪兒見過、聊過，只是一時想不起來！

話才說完，外子從另一頭走過來，指著正在擲保齡球的長者說：「那一位就是住我們隔壁的阿公耶……」

一年不見，趨前寒暄，他女兒認出是我，還告訴父親是我們幫忙找到戒指的。

一年前的今天，我們撿到金戒，將寶物奉歸失主，

一年後的今天，我們歡喜相逢，感恩所有妙因緣！

舊料變柢柱

濱湖的葡萄樹開枝展葉，嫩鬚觸角四處攀爬，葉片層疊如蓋。當清風吹拂，綠意飛揚，交相搖曳摩娑，姿態輕盈優美。燦陽普照下，繁葉掩映柔光。

我和另一半從車庫牆角找出幾根堪用的舊木料，拿來捲尺、手套、鋸子、細繩、鐵鎚、鋤頭和長釘，開始丈量、掘洞，鑿木孔、扶正、調整、收拾……大約兩小時，便搭好一座嶄新的棚架，解決藤葉快速蔓延和果實日漸飽滿的承重擔憂。

夏日酷熱葉漸繁，藤附鐵籬鬚攀牆。
想方設法該怎辦？搭設棚架最妥當。
拿來閒置舊木板，丈量比劃蔭下忙。
釘鋸敲綁固地基，完工心情真舒爽。

搭棚架　好乘涼

幫紫藤理髮

每一年夏季，當花兒盛開，傳來陣陣撲鼻香時，紫藤棚架承載的美感，從抽芽、含苞、綻放，逐日遞增……而後，依循「成、住、壞、空」自然法則，浪漫的花串漸漸隨風飄散，一瓣瓣墜向塵泥。現在，它依然嶄露另一種生命力——藤蔓四竄，欣欣向榮。與其任由伸展，日後帶來大麻煩，不如乘現在細加修剪，讓紫藤樣貌更清新、更美麗。

皓月似當年

女兒來電叮嚀：「媽，別忘了欣賞今年最後一次的超級月亮喔！」

於是，趕緊拿了類單眼相機，走向屋外觀湖賞月。

對岸，夕陽餘暉已然沒入林梢……初月透著鵝黃亮澤、隱約可見的弧形，冉冉升空。那柔球漸趨於渾圓，愈飽和愈明亮，進屋前再回眸仰望，比先前更圓更大了。

喜歡抬頭對月，望遠凝思，尤其是美好的今晚，明月映澈心湖，平靜無波、安恬適意！

心月圓滿

秋意繽紛

深秋，乘陽光露臉，走一趟金寶河谷（Campbell Valley）。熟黃、褐黃、橘紅、殷紅是河谷調色盤裏的主角，錯落林間、茂密如蓋。那輕羽般的落葉，總是配合微風節奏，徐徐演出生命圓舞曲。或翻飛、或飄揚、或緩緩、慢慢地，以親吻大地的姿態告別。然後仰躺、俯臥，相繼鋪陳，一路從幽徑、木橋到林蔭下，織就成綿延無際的天然地毯。

踏雪尋樂

大年初一，女兒提議出遊。車程短，兩旁風光優美，經過獅門橋，賽普里斯丘陵（Cypress hill）很快就到了！晴空朗日，紅男綠女遊客多，停放路旁的車陣蜿蜒，形成兩道線條優美的風景線。

貼心的女婿租了雪地專用鞋，順便幫我們緊緊繫牢。一路往上走，剛開始像娃兒學步，怕跌、怕摔，但不減新奇和興奮！那厚篤篤的雪白山脈，似鹽山透亮，不時閃耀著晶瑩；像沙漠無垠，不知盡頭在何方！

走走停停一小時，腿痠腳累，額頭和背部，汗水不停滲出。加諸身上的裝備，厚外套、衣服、毛帽、圍巾……只得一件件剝下，要是來一陣清涼的風，最是舒爽。

原來，雪地走步是最好的運動，心好暖，身好熱呀！

瑞雪即景

住家的後院緊鄰日昇湖，常年清澈，時見游魚，上空常有鳥禽飛掠，當樹林翠景倒映入湖，如鏡似畫。

有一年隆冬，迎來零下低溫，連續下了好幾小時的豪大雪，大溫哥華全面變裝為銀色世界。那原本水位盈滿的日昇湖，也被紛紛飄落的雪花，層層覆蓋，漸漸積累為白皚皚的雪地。

左鄰右舍的孩子們喜出望外，在大人陪伴下都跑出來，玩著滾雪球、堆雪人、打雪仗的遊戲……頓時，大湖成為充滿歡聲笑浪的溜冰場。

假期心路

從蘭里出發到溫哥華，穿過獅門橋（Lions' Gate Bridge），漸漸遠離市囂。在馬蹄灣（Horseshoe Bay）搭乘可容納三百五十八部車輛和千餘位旅客的渡輪，近兩小時航程之後，在溫哥華島啟航灣（Departure Bay）登岸，沿途所見幾乎是原始杉林、湖泊和雪景。愈接近目的地吐芬奴（Tofino），愈能感受海風與太平洋的親切呼喚。於是，觀天、看海、聽濤、戲水、健走、訪雨林、參觀原住民美術館，從「都市叢林」、「天然雨林」到浪漫的「夕陽之美」，繪為「假期心路」。

遠離塵囂

與鳥邂逅

造訪離家一小時車程的哈里遜溫泉度假區（Harrison Hot Springs Resort），天空灰濛濛，典型的溫哥華隆冬景象。隱約可見暖陽勉強穿過雲隙，在遠處山坳灑落一小撮耀眼光芒。

和家人在寒風斜雨中，疾步行走，雙眼還是不停地張望，仰看遠處山巒白皚皚，連綴成無垠的風景線，豪氣、壯闊。

空曠而鬆軟的沙灘上，一位金髮女郎正用大型攝影機，對準距離兩尺遠的藍鷺。大鳥形單影孤，久久才換一種姿態，像紳士模樣，慢條斯理。經過的遊客自然地停下腳步，趨近觀看這一幕人與禽鳥的邂逅。

閱讀調時差

回臺省親四月餘，返溫哥華的深夜，因時差關係，白天已飽足睡眠的我，毫無半點睡意，床頭鐘擺的聲音，清晰可聞。於是，捧起《一秒鐘和一輩子》這本書，從翻閱目次到逐行恭讀，很快便進入每個篇章領域。

從證嚴上人說故事當中，一探人間事、世間法，也讓我在臺灣勞頓多日的心思，再度獲得寧靜。

今夜，將上人著作看得真切、悟得深入，誠如書中所言──名山走遍，不如內觀己心。唯有「捨鬧棲靜」，才能發清淨心，堅定修行。字字珠璣，都是透徹生命真義的法門。

走遍名山，不如內觀己心

Part —— 5 寶島印象

天道酬勤

古代，有機會讀書者幾希？豪貴之人幸得書僮為伴，求取功名，輕而易舉；平民百姓則需跋涉苦學，但路遙且遠，殷望一舉成名天下知。大家莫不以「萬般皆下品，唯有讀書高」自期自勵，因為書中自有顏如玉、千鍾粟和黃金屋。

近代，拜國立空中大學設校之賜，即使錯過求學黃金時期，有志向學的成年人，只要在臺灣註冊、報讀，仍有機會登入教育堂奧，得良師面授，與益友切磋，深入各科領域，繼續開挖求知之路。

現今，電腦科技縮短時空差距，旅居加拿大的僑友們有福了！身為「空中」飛人的我們，「大學」之夢不再遙不可及。只要付諸行動，發願終身學習，隨時汲取新知，隨處可得新智，天道酬勤，求智若渴的我們一定可以得償宿願。

姊妹

六歲不到，二姊便帶我去學校，

進教室，坐在她身邊，當起旁聽生，

那是啟蒙教育的開始。

歲月如梭，如真似幻彈指間……

現在的我們，以花甲之齡一起進空大、畫人生。

好姊妹當同窗，讀我兒時未竟書、彩繪生命好時光。

勇敢學英語

五十歲以前，自認英語一竅不通，只要遇到說英文的場合，便心生畏懼，尷尬面對。一個機緣，一念心轉，我決定勇敢開口說英文，讓我在旅居加拿大的日子，從此拓展人際、開闊視野、豐富生命……

受邀到空中大學分享「漏氣求進步」的心路，也自我驗收學習英語的成效。講座後，發送生活化的實用講義給現場與會者，最大的心願是希望大家縮短摸索的時間，勇敢說英語。

茶葉蛋的啟示

我在超商買了茶葉蛋，進教室分送給教授和同學，每人一顆，祛祛寒氣，添添暖意。大家都很開心，感謝我這位年紀比教授還大的姊姊，照顧他們的胃。

心中羨慕著年輕真好，但也思忖作家黃桐的譬喻勉言：「人生就像茶葉蛋，有裂痕才入味。」讀研究所不也是這樣嗎？

對我來說，要在每個學科中理解、探索、分析，考驗和壓力都很大，但我相信這求學過程也像茶葉蛋，經長時熬煮，愈能入味回甘。一如我需耐得住心性學習，相信假以時日，也能深化厚實底蘊，嘗得甘甜。

戴上眼罩後

參加國立彰化師範大學「視障有聲圖書錄音人員培訓」，見識許多前所未聞的新鮮事……

在老師引導下，兩人一組練習「口述影像」，我先戴上特製眼罩，聽同伴描繪圖畫裏的內容，之後角色互換。

接著，再度套上眼罩，列隊玩起「摸黑前進」的遊戲。在圖書館內走平地勉強可行，上樓梯則需一手扶木梯，另隻手按放在前一位的肩膀上。下樓梯時，心如懸空，步履無措。體念隊友，我必須放緩步伐，並一再提醒路況，避免踩空、跌跤。

要吃午餐了！戴上眼罩，雖然看不見菜色，但也嗅到淡淡菜根香。

鄰座夥伴說：「都挾不起菜，怎麼吃呀？」大家只能胡亂揮動著筷子，心裏真的很不踏實……

今次，我學會了如何和視障者相處，以及數位錄音祕笈。

天使的靈魂

臉上的雀斑是我最大的自卑源。有一年，上了心靈成長營，自我介紹時，突然靈機一動，告訴大家：「我是梁玉燕，愛吃洋芋片。我的特色是『麻臉點子多』，最大的心願是提早下『斑』，請勿『痘』留……」

「你臉上有一點一點的，那是什麼？」記得剛訂婚時，憨厚的他帶我去吃消夜，順口問了這句話，使我耿耿於懷好幾年。「我的雀斑還很明顯嗎？」每當心裏有雷射去斑的念頭，我就會探問，他給我的答案都是一樣的暖心：「不會啊！看起來很自然。」

朋友知道我很在乎外貌，曾安慰我：「雀斑是天使之吻，表示妳有美麗的靈魂喔！」念頭轉彎，天地更寬！

阿梅阿媽的圍巾

在溫哥華島維多利亞慈濟茶會中，認識了謝吳阿梅阿媽。之後，在義賣現場，她捐出許多親手縫製的帽子和圍巾；加上一次登門採訪的因緣，見識到阿媽也是繪畫能手。

和藹親切的她口述慈濟歷史，脈絡清楚，條理清晰。和她互動是一種幸福，聽她說話，如沐春風。

而今九十八歲的阿媽，親切依舊，勤奮如昔。她每天定時檢驗體況——量血壓、按摩、做操之外，編織圍巾也是例行要事。知道我要回臺灣，阿媽的兒、媳送上一包藍色的禮物，那是阿媽編織的好幾條圍巾。

回到臺灣，我和夫婿喜歡拜訪至親和好友，並將圍巾一一轉送長者，不負所託。

拗「香腳」

八十七歲的厝姑梁守心血來潮，電邀子姪輩回故居走走。那天，共三十幾人齊聚三合院，一座讓我日思夜念的老舊宅院。

大家屋前屋後逛逛走走，試圖找尋記憶中的遺跡。那種滿朱槿的圍籬、院前的桂花樹和橄欖樹、屋後的石磨，以及山坳下的古井……我從祠堂大門兩側瞥見一對半尺長的竹管掛在牆上，裏面插著許多燒過的「香腳」，腦海立刻浮現小時候用它來製作玩具燈籠的畫面。

順手取下十來根香腳，一一拗成 W 的型狀，再依序垂掛，使左右平衡，如此接二連三，很快就完成一長串的燈籠，有人一眼認出是「拗香腳」。這些埋藏在同儕記憶深處的古早童玩，從看似單純的遊戲互動中凝聚親情，也玩出智慧，拙趣無窮。

玩出智慧

天籟、琴音、笑聲⋯⋯

願景入畫

大哥畫圖的獨門技巧——蠟筆和水彩並用，他教我先構圖，運用蠟筆濃重的顏色，勾勒出三大區塊，依序畫出樹幹、石塊、密葉、草地，其餘的就是水域和藍天。

回家之後，端詳這幅初試啼聲的作品，覺得好像少了些人味。

六歲孫女語芊告訴我，她明天要開始上烏克麗麗，以後要彈很多悅耳的音樂給我聽。她邊說邊將懷裏的琴或橫、或豎，擺出彈奏的姿勢，隨興撥弦，儼然快樂小琴手。一旁三歲的語恩，歪著頭看姊姊，也裝模作樣附和動作。

有了！就把這願景入畫吧！於是，我在原作加畫一條墊布，再添幾個人物——祖孫三人在景致優美的郊外野餐，聽著天籟、琴音、笑聲……

搬一塊磚，賺一角銀。

砌磚起家

每天餐後，是外子與我在林中散步的悠閒時光！走著、聊著，天南地北、古今中外大小事，像甘冽山泉，汨汨流洩……我們彼此傾訴，互為聽眾，感覺挺好。

他談起臺灣發生八七水災那一年，他們一家五口窩居的土埆厝被洪水沖毀。父親一手牽著兄長，一手抱著兩歲的他，和母親、大姊宜渲涉水逃難，躲過浩劫。而後，憑手砌磚抹牆，披星戴月，原地重建，有了更安穩的水泥屋，一家人長住於此，相依相親，直到後來改建為透天厝。

這一席話，使我想起遙遠的鄉居歲月。那時，蓋房子通常會雇請土水師傅和囝仔工幫忙。小孩子每搬一塊磚，可得工資一角。那差事我做過，好像是堂兄蓋新房。我也和同儕搬了磚塊、爬了竹梯，也吃了點心，所以印象深刻。

戀戀海軍領衫

初出社會，第一次領薪水，那一天神采飛揚，步履雀躍！

經過一家知名百貨行，櫥窗內服飾多樣，不乏時髦女裝。

時值青春年華，瞥見模特兒穿著藍白色系的海軍領上衣，

款式清純可愛，要是自己也能擁有一件，該有多麼美好。

找到標籤，翻看價格，哇！那得花掉我一天半的工資呀！

記得當時我在店家前，來回踱步好幾回，反覆左思右想。

結果，理性戰勝感性，我踏著堅定的步伐，快速轉回家。

亦步亦趨

那年，媒妁之言，造就良緣。中年的婆婆，領著新婚的我，走一趟離家不遠的水田，沿途叮嚀：「田埂路真歹行。要走好，別摔跤！」

她素顏簡裝，扁擔加身，挑重若輕，穩步向前，做起農活，手腳利索。我才過門，心裏藏有幾分雀躍，卻又顯得拘謹，穿著高跟鞋，空手走在僅一肩寬的田埂上，小心翼翼，亦步亦趨。

回程換我領路。只見田埂邊上，公公陳水木剛下種的幾根紅甘蔗和一簇盛開的蓮蕉花，仍帶著濃濃喜氣；陪嫁過來的它們，將和我一樣，儘早順服於水土，適應環境，才能在這片新天地落腳扎根、繁衍世代！

初嫁娘 糗經驗

二十四歲初為人婦，樣樣得從頭學起。一日，天氣燠熱，公公提議煮粉圓當點心！心想，這並不是什麼難事。先在灶孔生火，將鍋子盛滿冷水，然後順手倒入一包粉圓，蓋上鍋蓋……蹲身添加柴薪，直到水沸生煙。我從容地掀開鍋蓋，「咿！粉圓怎麼都不見了？」

「哈！怎麼會煮成這樣？」公公看到粉圓變成一大鍋淺褐色沸水，非但沒有責備，還笑得闔不攏嘴，露出鑲金的牙齒。

原來，這消暑美食必需等水開了才能放入。這四十年前的往事，想起公公對我的寬容與慈心，更有一分尊敬與懷思。

舊居印象

兒子憲志剛滿周歲，大哥將兩層雙人床拆開，其中一層送給我充當克難床鋪，擺在兩坪大的臥房裏。依當時的臺灣經濟，這算是很不錯的安眠寢具了！

我還從婆家搬來一座五斗櫃，放全家人的衣物。兩年後，女兒出生，再請大伯文源製作一個簡易的木板架，釘在床尾的牆上。這樣，一家四口的衣物勉強裝得下，不致凌亂。

再三年後的七月，我大腹便便，最令我憂心的是，床鋪過小，萬一孩子半夜翻身，不小心摔下床底，怎辦？於是有了奇思妙想——將五斗櫃的第二層抽屜拉開，不僅加寬了床鋪面積，又擋住通道，安全更有保障……直到小兒駿興滿月，我們才告別屈睡斗室的五年租屋時光。

創業歲月

三十多年前，草創事業，白手起家，賃屋為廠，毫無經驗的愚夫婦樣樣從頭學起。廠務極其繁瑣，我倆各司其職，事必躬親，不看電視，不食零嘴，沒有假日，沒有休閒，周旋於家業和事業之間。

我，包辦燒開水、接電話、訂原物料、煮三餐、會計……遇缺則補位。遇大旺季，按時準備涼品、煮點心犒賞員工；接送孩子，發薪水、跑銀行……天天騎「蘭蒂五十」機車，出入於臺中縣市街道巷弄中。

而精於器械的他，安靜寡言，耐性夠，修為佳，總是躲在二樓工作間打樣，一坐就是好幾個鐘頭，一再裁剪、修版，任紙卡碎屑鋪滿地，直到客戶滿意為止。這是別人無可取代的工作，也是他自我摸索得來的獨門功夫。

偷閒歡唱

二十五歲那年，事業剛起步，每天忙得團團轉。廠裏添購新音響，其實是給員工的福利，讓他們上班時聽電臺節目，午休時唱歌打發時間。

可是唱歌是我最大的興趣呀！所以乘著假日，自己也來娛樂一下。隨著音樂伴奏的旋律，嗓門拉開，麥克風傳送出優雅的歌聲，還有我美麗的心情。

守護神

離故居三合院不遠的桂竹林中，有一座由祖父和宗親長輩用大石塊砌成的小小福德祠，裏面貼了一張印有福德正神像的大紅紙，兩旁立有一對蠟燭，香爐置中，前面放著三個茶杯，簡樸而莊嚴，是家人逢年過節求神庇佑的朝拜聖地。

時光荏苒，親人或因工作、嫁娶、求學紛紛出外發展，土地公廟也漸漸被大家遺忘，包括我在內。

前不久，一位初識的友人，看看我的面相，第一句話便說：「你很有福氣喔！你家附近的土地公一直守護著你！」

投入慈濟後，我對神祇不再舉香膜拜燒紙錢，但是敬天愛地的心一直都在，想起土地公伯的仁慈模樣，敬意油然而生，感恩祂一路護佑，讓我順遂平安。

最美人情味

奉茶

鄉間，在路口或大樹下，偶見大茶壺身影，用紅紙貼著「奉茶」二字。這是村裏的長輩，體念路過的出外人口渴，特地提供茶水和杯子，給他們解渴用的。

這一壺誠意十足的飲品，雖然不是用上等的茶葉沖泡而成，但裏面注滿主人的體貼和愛心，也是最美的人情味。

懷念德慈師父

第一次搭乘慈濟列車參訪靜思精舍，聽常住師父對著一張黑白照片話當年，那是「用蔗葉引導牛隻往前犁田」的慈濟往事，主角是德慈師父。

不諳農耕的慈師父，用甘蔗葉引導取代對牛兒的鞭笞，讓我意識到教育子女、對待員工也應該用「愛」來激發。

我學著用鼓勵、讚歎待人，凡事觀功念恩看優點，調整心態和聲色，也服膺證嚴上人叮嚀語：「理直要氣和，得理要饒人。」之後，我一連搭了七趟慈濟列車，心中的感動隨著所見所聞與日俱增，這是我從慕慈濟善名到受證為委員的重要階段。

「你們回來啦！」每次回到靜思精舍，慈師父的柔聲呼喚，成了最溫馨的精舍記憶。

註：右圖為《慈師父講古》封面臨摹

智者箴言

二〇一二年回臺時，認識了詞壇泰斗莊奴老師。他非常親切，一拿起麥克風唱歌，馬上精神煥發，中氣十足，完全看不出曾中風過。

一見如故的我們，相談甚歡。他樂於分享寫詩、作詞的經驗和技巧，傾囊相授，還不吝指導、修潤我試寫的〈人文真善美之歌〉和〈慈濟人文學校校歌〉。

回加拿大前，他指導我唱〈心願〉的時候，抖音不宜太明顯；還一句句教我唱〈再見〉歌，「讓我們說再見，再見面像今天，一顆顆歡喜的心，一張張笑的臉。」另外，又送了我兩句話：「和時間賽跑的人，圓慈悲喜捨的心。」

莊奴老師曾寫過〈想師豆〉、〈柔和忍辱衣〉、〈竹筒歲月〉、〈擁抱蒼生〉等膾炙人口的慈濟歌曲，二〇一六年以九十五高齡辭世。難忘老師的音容和勉語，智者典範，長存我心。

和時間賽跑的人，圓慈悲喜捨的心。

奇招異牌

位於臺中市的中山醫學院守護民眾健康，遠近馳名，盡人皆知。
但是當您的愛鞋需要維修時，則可進入中山醫「鞋」院延續物命，
地點就在太平區中山市場內。另外，如果要添購新裝，在市場出
口處有家中山「衣」學院，可滿足您治裝的需求，歡迎光臨。

俯仰之間

臺中市太平區的社區公園，緊鄰馬路，地形狹長，有幽徑、步道、溜滑梯等設施，老少咸宜。黃昏，涼風習習，是閒逛的好時機！

園區內，小孩忙於戲耍、奔跑、追逐、嬉鬧，大人忙著聊天、遛狗、看顧弱小……眼前鳥巢式鞦韆、原木翹翹板和大片人工草地，讓小朋友們玩得更盡興。

環顧四周，見一人眼光集中在手機螢幕，面無表情沈浸在小小天地裏。我心想：

仰頭，迎接的是廣闊的天地和視野，可將心神放鬆；

俯視，目光接觸的只是虛擬的世界，如同過眼雲煙。

臺北一〇一大樓

我和孫女語芊一起畫圖，我們分頭畫出相同的主題——臺北一〇一大樓。

那是一座高聳入雲的摩天大樓，壯觀的工程是建築界奇蹟，將臺灣的精神和創造力傳達給世界。它不僅僅是城市的地標，更如同一面鏡子，反映出了人們的夢想、毅力和創造力。

萬丈高樓從地起，沒有一步登天的傳奇！人生不也如此？唯有踏實進階，才能穩步成長，堅強茁壯。

踏實進階，才能穩步成長。

新春心願

過了花甲之年，自知身體已漸有老化現象——添了白髮、多了皺紋、掉了牙齒、記憶減退、容易疲累、健忘、缺乏自信，還有許多體能上的隱憂，包括糖尿病、心血管疾病、肌少症……

外子陪我走一趟臺中慈濟醫院，照心電圖、心電圖超音波、X光，所為何來？其實，就像中古車，不管使用多少年，都要定期進場保養、維修，了解是否通過安檢，才能去除壓在心中的那塊大石。

許多人都在新春發願，我也不例外。祝福親友和家人的同時，也畫這張圖祝福自己：玉兔呈祥。把身體保養好，心血管健康運作，心臟強壯之外，更要有強大的愛心，盡所能做好事，結善緣！

Part —— 6   生活有意思

幸福阿媽

我有五個孫寶貝。愛玩家家酒的姊妹倆說要開髮廊，我是唯一的
貴賓，也是顧客。

七歲的姊姊語馨找了個恰當的位置，先拿來小薄毯，說要幫我繫
圍兜，然後擺出美髮師的架式，開始在我頭上下功夫。

四歲的妹妹語婕忙著送書報、倒飲料，也表現得十分稱職。

我們祖孫三人互動，外子和媳婦笑顏旁觀。

春天在哪兒？

春天到底長什麼樣子？春天蹤跡何處覓？我問繁花、問晨露、問鷺鷥，也問水牛和貓咪。唉！還是遍尋不著，它到底在那兒呢？忽然，我看見一個可愛的小男娃，嘴型上揚，眉開眼笑，令人看了心花朵朵開……原來，春天藏在阿弟仔彎彎的眼角裏！原來，有笑容開展的地方，就是春天的所在。

真正的朋友

好友分享一張圖畫，告訴我「真正的朋友」就像各自獨立的兩棵樹，看上去是各自生活，各自成長，其實，彼此在內心深處的愛與關懷，是緊密相連、蔓延而且根深柢固。我珍惜每位生命至交，所以臨摹，表達心聲！

陰影與陽光

陪伴遭喪夫之慟的友人前往皇后公園，散散步、談談心，也用歌聲複製好心情。

近黃昏，斜陽映照下的景致格外迷人。經過水塘邊，松林參天蓊鬱如蓋，樹蔭下周圍草坡一片青翠，我們的影子被溫煦的夕陽拉得好長好長，剛好覆蓋那些分布在草原上無以數計的小白花，層疊加深的綠色調襯底，讓每一朵小可愛，都像眨著眼睛的小星星。當生命陰影融入陽光，反而交織為更斑斕的彩圖。

臨摹

下雨了！拿起雨傘的那一刻，明白了一個道理——向傘學做人！

傘說：「你不為別人遮風擋雨，誰會把你高高舉在頭上？」

我喜歡閱讀網路佳訊，也鍾情於美好圖文。今看到 Line 的留言板有個貼圖，上頭的醒語「平時多幫人，急時有人幫。晴天留人情，雨天好借傘。」配上清雅的插圖，賞心悅目，頗有感受。

於是，案前端坐，依樣寫、信手畫，筆隨意走，歡愉蔓延。

平時多幫人，
急時有人幫，

晴天留人情．
雨天好借傘．

給別人希望，
也就是給
自己希望。

人心

哲學家尼采說：「每一個不曾起舞的日子，都是對生命的辜負！」

所以未敢懈怠，暑修開始，即展新頁，再入學海泛游……

從數位學習平臺，收看《幽默與人生》教學帶，取代實體書。兩個小時下來，外子和我被周平老師的笑料逗得笑出眼油啦！邊看邊吃晚餐的我們，時而捧腹，時而噴飯，覺得他引用的笑話耐人尋味，帶有餘韻，不僅精彩、開胃、開懷，還可用來轉述，讓更多人沾染歡喜。

教學帶簡報中，有一插頁，我特喜歡，於是持筆蘸彩，自我啟示──

人心不同，各如其面，入群處眾，紛擾難免。

遇人蹙眉，揪心怨懟，該怎自處，才是上策？

百境現前，守心唯要，莫隨波濤，胡亂動搖。

待之以情，微笑面對。精誠所至，金石為開。

教孫女學閩南語

回臺灣，陪六歲的孫女去公園，我一面和她玩鞦韆，一面用閩南語說：「騎鐵馬，過大路；幌韆鞦，真趣味！」且逐字解釋並複誦，希望孫女明白「鐵馬」就是腳踏車，「大路」就是馬路……她懂了，也跟著念了起來。

幾天後，三歲的孫女放學回家要吃橘子，我也乘機用閩南語告訴她：「食柑仔，愛剝皮。」提醒她吃橘子要剝皮，然後看我的嘴型，學著說出「真好食，足歡喜。」

她表情調皮誇張，以唱歌似地輕快接腔學習，也立即接受我的反覆糾正。童音清亮，一遍又一遍地說，有時故意怪腔怪調，逗得大人們笑彎腰。

心的高度

飛機降落金門前，機長報告，尚義機場正下著豪大雨。窗外，晴空萬里，藍天在望。我心想：明明是陽光普照，天氣清朗得很，怎麼可能會馬上變天呢？

誰知，飛機穿過雲層，就像經過一段亂流，機身開始抖動，緊跟著一陣耳鳴。窗景逐漸暗沈，雨珠不斷敲打窗戶，是快節奏的強風狂雨……好特別的迎賓方式。

忽然，一個念頭自心底升起——高度決定了視野。

可不是嗎？當飛機在雲端航行，我看到的是天空的壯闊、雲河無垠，心境隨而豁然開朗。而當格局漸低，往陰影處沈淪，即使想要沐浴日光，談何容易？

當境界現前時，我們無法改變事實，但可以轉化心念。唯有把心靈格度提高，擴展胸襟。當層次拉升，見識更高超，自能雲淡風輕，淡然以對。

高度決定視野

重複再重複，終能成就一身本事。

本事

她有很多特長，每一種專長就像不同顏色的保齡球，許多慈濟活動場合都有她的身影——人文真善美、主持、訪視、導讀線上品書會、勤作筆記，既能上臺分享，又能靜心寫作……

她一直在承擔，默默學習，不斷求進步，如同鴨子划水，表面輕鬆自在，其實是一直奮力攪動雙蹼前進，暗地裏勤下功夫，重複再重複，不斷堆累經驗，終能成就一身本事。

人生逆轉勝

有一天，我從超市買回幾顆新鮮檸檬，正想打成果汁來喝，腦海突然想起這句曾經聽過的話：「即使拿到的是酸檸檬，也要把設法變為可口滋養的檸檬汁。」

人生不如意十常八九，千萬不要就此被打敗。面對逆境，要懂得轉化才能扭轉運勢！就像將酸檸檬轉變成美味的檸檬汁一樣。這需要創造力、毅力和智慧。我們可以學會接受現實，然後努力改變它。這種轉化過程可能需要時間，但最終可以實現逆轉勝。

割捨執念，才能獲得真正滿足。

如織人生

《最後的編織》這則卡通短片，描述人在生命的舞臺上，初始往往編織著美夢，久而久之，心態變得貪婪，追求更多，欲罷不能，便不知不覺地一步步陷入危險的深淵。

這個寓言故事提醒我，在努力打拚的同時，常常忽略內心需要的精神食糧，而生命無價，要懂得審視自我的價值觀，學會割捨不必要的執念和欲望，以獲得真正的滿足。

生活中的快樂和滿足來自於找到平衡，不貪婪地追求更多，而是明智地選擇何時剪斷不必要的束縛。只有當我們勇敢地面對自己的執念，放下糾纏，才能找到真正的自由，享受更幸福的人生。

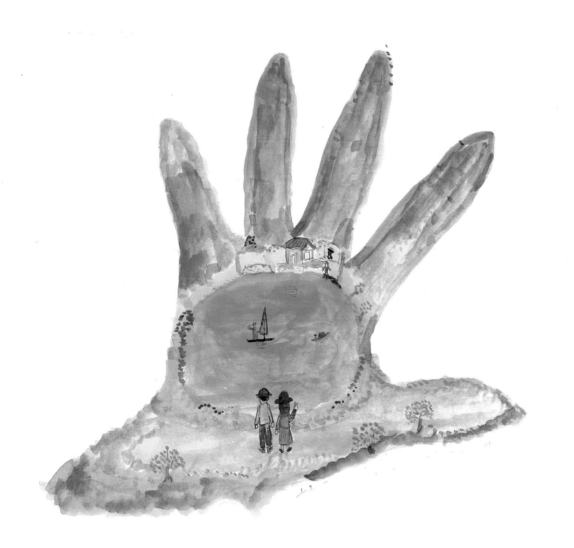

人生五指山

人生五指山──意有所指，指有所意。

端詳纖手陷深思，五指象徵人間路。

身軀來自雙親賜，即興蘸彩畫此圖：

出生得寵受呵護，（姆指）

汲取養分長智識，（食指）

持家立業扮砥柱，（中指）

轉換跑道鋒芒斂，（無名指）

恬安淡泊樂餘年。（小指）

懷念不用戴口罩的日子

對我來說，聚會是常有的事。尤愛和三五好友找個地方，敘舊、談心，喝咖啡不聊是非，喝茶不找碴，生活快意，知足且歡喜。然而最近受疫情影響，打亂了生活模式，只能深居簡出，保健為要。非得出門時，口罩乃必備良品。即使打扮入時，口罩一戴，真人不露面，大家都成了神祕客，美醜難辨。

行斷捨離

疫情圈住了我往外活動的腳步，卻也因此讓自己安住在斗室中，下定決心，整理那日月積累的陳年舊物。

錄音帶、錄影帶、光碟、文字稿、主持稿、劇本、邀請函、感謝函和各種活動紀錄、人物專訪、企畫案、大型海報圖說、生活手札、健康記錄……還有親情流動的珍貴家書、從商日誌、記錄心跡的筆記本、感謝卡、包羅萬象的相片、五花八門的結緣品、書籤，以及我最愛唱的歌本等。

其實，我一直期待這天到來，暫且調慢腳步，放下雜務，徹底檢視過往的所有資料，問自己：這些一年後還用得到嗎？五年後還是重要的嗎？十年後仍會是我的最愛嗎？它真的有保留的意義嗎？得到答案之後，力行斷、捨、離，減法過生活，腳步將更輕盈。

初展身手

四個多月未修剪，稍顯篷亂礙容顏。

他想外出理個髮，盼光鮮神貌再現。

我拿來一把刀剪，將大毛巾圍襟前。

備齊扁梳吹風機，好好為他修門面。

不疾不徐理頭緒，按部就班除雜亂。

一邊梳理邊調整，他也攬鏡頻照看。

髮鬢交雜灰與白，嘆昔日青絲不再。

贅毛碎髮紛墜地，髮相愈來愈整齊。

結果是，他滿意，我開心，兩歡喜。

理清頭緒

「知足」方案

因應疫情，鍛體能，練腳力，陳氏旅行社規畫五個「知足」方案
供選擇，隨時出團，兩人可成行，路線任選，包君滿意。

A：二十分鐘，早餐後集合，沿著公園和校區賞鳥，幽林間漫步。

B：三十分鐘，午餐後出發，賞湖，隔岸觀景，輕鬆走，助消化。

C：四十分鐘，午後親子遊，沿街健行兼談笑，參觀社區新工地。

D：五十分鐘，下午茶過後，走訪馬場、雞場、果園，體驗農家樂。

E：八十分鐘，黃昏時繞行林蔭步道，聞鳥音、聽蛙鳴，賞霞光。

幸福逍遙遊，舒心養身，保證出走千遍也不厭倦。

隔疫時光

入住旅店，空間八坪大，隔疫時光，互照料、兩相依，倒也愜意開心。

親朋好友關懷不斷，遠距和加拿大法親分享，上視訊面授課，也參加線上品書會，畫圖、寫作業、整理檔案，視訊通話，活動滿檔，還是忙得很。

大愛電視是我們的精神食糧——上人的開示法語、新聞、劇場、草根菩提、大愛醫生館⋯⋯

節目好看，可也占去太多時間。於是想出一兼兩顧的法子，有時邊看邊在屋內健步，重複來回繞行；有時邊看邊相互推拿、按摩，養生保健，也打發窩居的時光。

小小愛樂者

愛樂者，年紀小，吹起薩克斯風，有模有樣。

每一天，抽時間，在學校和家裏，勤加練習。

寶貝孫，喜吹奏，師長和家人們，鼓舞讚歎。

發表會，驗成果，大家為他加油，再接再厲！

幸福花開

我是個愛花的人，喜歡在前院與花草對話！無論晨昏，只要得空，總喜歡靜觀諦視各種花的造型美姿，摘去凋萎的薄瓣、乾枯的枝葉、拔除雜草，從而拾得幾分悠哉與恬靜。

「阿媽，我想和你一起種花……」

「阿媽，我也要幫忙澆水……」

從純粹欣賞園內花草、睜亮好奇的雙眼，到隨我至附近的園藝中心挑選各種花卉，兩個小孫女語帶雀躍，學習揀選所愛。

靈感轉彎

「阿媽，你今天想要畫什麼呢？」通常晚餐後，最期待的就是寶貝孫女和我畫圖同樂。

「今天我想畫阿公和阿媽在溫哥華一起踏船遊湖！」

六歲的孫女語芊沒去過溫哥華，所以我先描述一番景致，同時哼唱她從沒聽過的老歌〈搖船曲〉。

「阿媽，老師有教我畫過龍舟……我拿給你看！」

「哇！好長的龍舟呀！我好喜歡。」

「那你也可以像我這樣畫呀！」

我的心湖本是浮現一葉小舟，為了不辜負孫女的天真和好意，我參照她畫的龍舟進行構圖，結果變成外子和我划龍舟的畫面，顏彩鮮明，在兩排的綠柳林中顯得出色，而且感覺逗趣好玩。

打賞有方

「阿媽，我讀課本給你聽……」語芊說，她會看注音符號了。

「送給你小星星，送你花一朵……」語恩也會完整唱完一首歌。

「阿媽，我昨天沒有尿床……」姊姊興奮至極。

「我也是，阿媽！」語恩是姊姊的小跟班，模仿力強。

小兒子駿興和媳婦憶秀很會教養小孩，兩個寶貝相親相愛，看在我們這對爺奶的眼裏，有止不住的寬慰。只要她們有好的表現，打賞是肯定，也是信心的增強。

「阿媽，我們今天要去教會。我有五塊錢，是要奉獻的……」打開小錢包，語芊告訴我。我也趕緊贊助十元，添一分心和愛。

前些天，語芊從幼兒園帶回種子，輕輕埋入土壤，靜放陽臺，時時關照，期待發芽、成長、茁壯。我這個阿媽園丁，也有同樣的心情，希望寶貝孫在愛的環境裏，不偏不倚，穩步行進，健康成長。

添一分心和愛

貼心孫寶貝

有一天，三歲的長孫景瑄看到我病懨懨的，說話沙啞、沒精神，他悄悄拿著板凳墊小腳，然後倒了一杯水端給我：「阿媽，給你喝。」

現在，他已經十五歲了，高我半個頭。畫這張圖告訴他這個小趣事，他覺得很好玩，反問我：「阿媽，那後來呢？阿公有沒有帶你去看醫師？」

真心成藝 幸福加溫 梁玉燕與樸實藝術

圖　　文／梁玉燕
主　　編／陳玫君
美術指導／邱宇陞
資深美編／黃昭寧

創　辦　人／釋證嚴
發　行　人／王端正
合心精進長／姚仁祿
傳　播　長／王志宏
圖書出版部首席／蔡文村

出　版　人／經典雜誌
　　　　　　財團法人慈濟傳播人文志業基金會
　　　　　　112019臺北市北投區立德路8號7樓
編輯部電話／02-28989000分機2065
客服專線／02-28989991
劃撥帳號／19924552　　戶名／經典雜誌
印　　製／新豪華製版印刷股份有限公司
經　銷　商／聯合發行股份有限公司
　　　　　　231028新北市新店區寶橋路235巷6弄6號2樓
　　　　　　02-29178022
出版日期／2023年12月初版
定　　價／新臺幣400元

國家圖書館出版品預行編目資料
————————————————————

真心成藝 幸福加溫：梁玉燕與樸實藝術/梁玉燕圖.文.-- 初
版.一臺北市:經典雜誌,財團法人慈濟人文志業基金會,2023.12
320面; 23×17公分
ISBN 978-626-7205-84-6(平裝)
1.CST: 梁玉燕 2.CST: 傳記 3.CST: 樸實藝術

783.3886　　　　　　　　　　　　　　　　112021984
————————————————————